내일을 상상해 봐
오프라 윈프리

내일을 상상해 봐
오프라 윈프리

신영란 지음 | 김윤정 그림

문이당어린이

꿈을 이루고 싶은 어린이에게

옛날 어떤 노인이 아끼던 말 한 필이 있었습니다. 그런데 어느 날 그 말이 멀리 달아나 버렸습니다. 마을 사람들은 노인을 위로하기 위해 집으로 찾아갔지요. 그러나 말을 잃고 슬퍼할 줄 알았던 노인은 몹시 태연한 얼굴로 이렇게 말했습니다.

"내 걱정은 할 필요 없어요. 이 일이 복이 될지 누가 압니까?"

얼마 후 노인의 말은 더 좋은 말 한 필을 데리고 돌아왔습니다. 마을 사람들이 이번엔 노인을 축하해 주러 갔지요. 그런데 노인은 말을 공짜로 얻고도 별로 좋아하는 기색 없이 또 이렇게 말했습니다.

"이 일이 복이 될지 화가 될지 누가 장담할 수 있겠소?"

그리고 얼마 지나지 않아 노인의 아들이 말을 타고 놀다가

다리가 부러지고 말았지요.

"괜찮아요. 이렇게 된 것이 오히려 좋은 일을 불러올지 누가 압니까?"

다리를 심하게 다쳐 걷지 못하게 된 아들을 보고도 노인은 그다지 슬퍼하지 않았습니다.

몇 년 후 전쟁이 일어났습니다. 이때 마을 청년들은 대부분 전쟁터에서 목숨을 잃었지만 몸이 불편했던 노인의 아들만은 군대에 가지 않아 목숨을 구할 수 있었습니다.

이 일을 두고 생겨난 고사성어가 '새옹지마'입니다.

우리가 이 이야기를 통해서 배울 수 있는 교훈은 무엇일까요?
그건 바로 겸손하고 긍정적인 마음가짐입니다.
사람의 운명을 알 수 없다고 하는 것은 그가 어떤 생각을 하며 세상을 살아갈지 모르기 때문입니다.
가난한 흑인 가정에서 태어나 온 동네의 천덕꾸러기처럼 살았던 흑인 소녀 오프라 윈프리가 훗날 세상에서 가장 존경받는 여성 중의 한 명이 될 줄이야 누가 상상이나 할 수 있었을까요?

"오랫동안 꿈을 그리는 사람은 마침내 그 꿈을 닮아간다."
프랑스의 유명한 시인

앙드레 말로는 이런 말을 남겼습니다.

운명은 결국 자신이 만드는 것입니다. 지금의 상황이 마음에 들지 않더라도 실망하지 말고 미래의 자신을 그려 보세요. 멋진 모습으로 살아가는 자신을 상상하는 것만으로도 기분이 좋아지지 않나요?

어린이 여러분도 오프라 윈프리처럼 좋은 생각, 좋은 꿈을 가지고 근사하게 성장하길 바랍니다.

2012년 1월
신 영 란

차례 　내일을 상상해 봐
　　　오프라 윈프리

꿈을 이루고 싶은 어린이에게 … 4

프롤로그_ 나도 해냈으니 여러분도 할 수 있어요 … 10

그리움으로 크는 아이 … 19
　오프라 윈프리의 성공 습관 1 … 30

넌 참 말을 잘하는구나 … 31
　오프라 윈프리의 성공 습관 2 … 40

오프라는 떠돌이 … 41
　오프라 윈프리의 성공 습관 3 … 52

태풍의 한가운데 … 53
　오프라 윈프리의 성공 습관 4 … 63

시련을 딛고 꿈을 향하여 … 64
　오프라 윈프리의 성공 습관 5 … 73

실망을 주는 사람이 되긴 싫어 … 74
　오프라 윈프리의 성공 습관 6 … 85

마음으로 귀 기울이기 … 86
　오프라 윈프리의 성공 습관 7 … 96

기회는 스스로 만드는 것 … 97
　오프라 윈프리의 성공 습관 8 … 106

솔직하고 당당하게 네 마음을 보여 줘 … 107
　오프라 윈프리의 성공 습관 9 … 117

넌 혼자가 아니야 … 118
　오프라 윈프리의 성공 습관 10 … 127

열정, 모든 걸을 가능하게 하는 힘 … 128
　오프라 윈프리의 성공 습관 11 … 136

나눔의 기쁨으로 백만장자가 된 오프라 … 137
　오프라 윈프리의 성공 습관 12 … 151

결심만으론 부족해, 지금 당장 시작해 … 152
　오프라 윈프리의 성공 습관 13 … 163

세상을 바꾼 오프라 … 164
　오프라 윈프리의 성공 습관 14 … 175

용기를 내 세상을 향해 소리쳐 봐 … 176
　오프라 윈프리의 성공 습관 15 … 189

에필로그 _ 오프라 윈프리의 꿈과 도전 … 190

프롤로그

나도 해냈으니 여러분도 할 수 있어요

2011년 5월 17일.

미국 시카고에 있는 유나이티드 센터는 2만여 명의 방청객들로 꽉 들어찼어요. 입구에는 '《오프라 윈프리 쇼》 고별 방송 녹화장'이란 안내문이 붙어 있고 건물 안 곳곳에 오프라 윈프리 모습을 담은 대형 현수막이 걸렸지요.

이날은 1986년 프로그램을 처음 시작한 후 미국 내 최고 시청률을 기록하며 전 세계 145개 국가에 방송된 《오프라 윈프리 쇼》가 막을 내리는 날이었어요. 행사가 시작되자 톰 행크스, 마돈나, 비욘세, 마이클 조던 등 세계적인 톱스타들이 하나씩 모습을 드러내기 시작했어요.

"오프라, 모든 사람이 당신을 사랑하고 있어요."

먼저 사회를 맡은 배우 톰 행크스가 팬들을 대신해서 이날의 주인공 오프라 윈프리에게 감사 인사를 전했어요.

"지난 25년 동안 수백만 명을 위한 교실을 꾸려 온 당신을 존경합니다. 이젠 우리가 당신의 2막을 응원할게요!"

이어지는 톰의 말에 방청석이 떠나갈 듯 박수가 터져 나왔어요.

"오프라. 당신은 전 세계 여성들을, 자신이 어떤 존재이며 무엇을 할 수 있는지를 확실히 이해하고 깨우칠 수 있는 수준으로 올려놓았어요."

가수 비욘세의 말이 끝나자 방청석에 있던 여성들은 벌써 휴지를 꺼내 눈물을 닦기 시작했어요.

"《오프라 윈프리 쇼》는 많은 사람의 생각을 변화시켰습니다. 당신은 우리가 다르지 않다는 것을 느낄 수 있게 해 주었어요."

"당신은 사람들의 삶을 변하게 하는 엄청난 힘을 갖고 있어요. 오프라, 당신이 우리에게 준 교훈을 잊지 못할 겁니다."
 유명 인사들의 감사 인사가 이어지는 가운데 팝의 여왕 마돈나가 마이크를 잡았어요.
 "많은 사람이 《오프라 윈프리 쇼》를 통해 삶의 영감을 받았습니다. 물론 저도 그중 한 사람이고요. 오프라에게 정말

많은 것을 배웠습니다."

 마돈나도 존경과 사랑이 가득 담긴 눈길로 오프라 윈프리를 바라보았어요.

 "오프라, 당신의 쇼를 기억하기 위해 스물다섯 개의 기념관이 미국 전역에 세워질 거예요."

공연 때문에 참석하지 못한 가수 존 레전드는 영상을 통해 인사를 대신했어요.

"저와 제 친구들은 2만 5천 그루의 떡갈나무를 곳곳에 심어 사람들이 영원히 당신을 기억하게 할 것입니다."

ABC 뉴스 앵커로 유명한 다이앤 소여도 진심으로 감사의 마음을 전했습니다.

이틀에 걸쳐 진행된 고별 녹화에는 이들뿐만 아니라 톰 크루즈, 스티비 원더, 어셔, 다코타 패닝, 윌 스미스, 케이티 홈즈 등 세계적 스타들이 총출동하였고 아놀드 슈왈제네거 전 캘리포니아 주지사 부부도 무대에 나와 25년 동안 수없이 많은 감동을 준 《오프라 윈프리 쇼》를 추억하며 아쉬운 작별 인사를 했어요.

"고맙습니다."

자신을 위해 바쁜 시간을 내준 사람들에게 일일이 고마움을 전하며 무대에 오른 오프라 윈프리는 천천히 방청석을 돌아보았어요.

"지금 우릴 이 자리에 있게 만든 건, 바로 여러분입니다."

오프라 윈프리는 더는 말을 잇지 못한 채 눈물을 펑펑 흘렸어요. 그러자 2만여 명의 방청객들도 따라 울기 시작했지요.

《오프라 윈프리 쇼》는 하루 7백만 명의 시청자들과 함께 울고 웃으며 수많은 감동을 나누었던 시간을 뒤로 한 채 아쉬움 속에 막을 내렸어요.

성공을 꿈꾸는 전 세계 여성들이 가장 닮고 싶어 하는 인물, 미국 유명인들 가운데 가장 많은 돈을 기부하는 자선 사업가, 돈 잘 벌기로 유명한 프로 골프 선수 타이거 우즈를 제치고 미국 최고의 흑인 억만장자가 된 여성, 미국인에게 그 어떤 정치가나 유명 인사보다도 강력한 영향력을 행사하는 인물 등 오프라 윈프리를 설명하는 말은 이밖에 수도 없이 많아요.

그런데 이 모든 수식어를 통틀어 오프라 윈프리라는 인물을 한 마디로 표현하려면 어떤 말이 좋을까요?

오프라 윈프리는 가난한 흑인 가정에서 태어나 부모님의 보살핌을 받지 못한 채 고아처럼 외로운 어린 시절을 보내야 했어요. 아홉 살 때 어른들도 이겨 내기 어려운 시련을 겪었고 사춘기 때는 자신의 운명을 탓하며 방황하다 더 큰 절망의 소용돌이로 빠져들기도 했지요. 어렵게 대학을 졸업하고 앵커가 됐지만 적성에 맞지 않는다는 이유로 직장에서 쫓겨날 뻔한 적도 있어요.

오프라 윈프리는 인생의 길목마다 숨어 있는 나쁜 조건들을 스스로 딛고 일어났어요. 그리고 이제 자신의 이름만으로 전 세계 사람들에게 도전과 희망의 상징이 되었답니다.

사람들은 시련과 역경의 가시밭길을 헤쳐 나와 마침내 자신의 꿈을 이루고 많은 사람에게 도전과 용기의 가치를 깨우쳐 준 강인한 의지를 오프라이즘Oprahism이라고 해요.

"인생에서 가장 위험한 일은 도전을 두려워하는 것입니다. 기억하세요. 당신의 인생을 책임지는 사람은 다른 누구도 아닌 바로 당신입니다."

오프라 윈프리가 마지막 방송에서 남긴 말이에요. 25년 동안 오프라이즘이 사람들에게 전하는 메시지는 한결같았어요. 그건 바로 '나도 해냈으니 당신들도 할 수 있다'는 긍정과 희망의 메시지예요.

무대를 떠나기 전 오프라 윈프리는 이렇게 덧붙였어요.

"다시 만날 때까지! 작별 인사는 하지 않을게요."

쉰여덟 살에 오프라 윈프리는 또 다른 도전을 예고하며 화려했던 무대를 떠났어요. 사람들은 머지않아 새로운 자신만의 쇼를 통해서 또 한 번 세상을 감동시킬 그녀의 모습을 보게 될 거예요.

오프라 윈프리 쇼

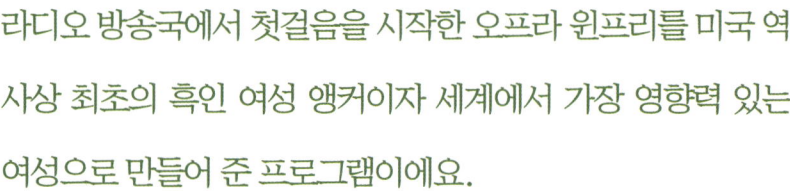

《오프라 윈프리 쇼》는 내슈빌의 작은 라디오 방송국에서 첫걸음을 시작한 오프라 윈프리를 미국 역사상 최초의 흑인 여성 앵커이자 세계에서 가장 영향력 있는 여성으로 만들어 준 프로그램이에요.

1986년 미국 전역으로 첫 방송이 시작된 《오프라 윈프리 쇼》는 3천만 명이 시청하는 프로그램으로 25년 동안 인기를 누리다 2011년 5월 17일 방송을 끝냈답니다. 오프라 윈프리를 아끼는 많은 사람이 마지막 방송을 아쉬워하며 그동안 토크 쇼에 온 힘을 쏟았던 오프라 윈프리에게 감사의 인사를 전했어요.

《오프라 윈프리 쇼》는 단순한 이야기 쇼가 아닌 전 세계 사람들에게 도전의 기쁨과 희망의 메시지를 전하며 늘 새로운 꿈을 이야기했던 토크 쇼로 오랫동안 기억될 거예요.

그리움으로 크는 아이

　　오프라는 1954년 미국 미시시피 주에 있는 코스키우스코라는 작은 농촌 마을에서 흑인인 버니타 리의 딸로 태어났다.
　　코스키우스코는 군부대와 가까운 마을이었다. 버니타는 버논 윈프리라는 흑인 병사와 사랑에 빠져 아기를 갖게 되었다. 당시 버니타의 나이는 열아홉 살, 버논은 스무 살로 둘 다 결혼을 하거나 부모가 되기엔 너무 어린 나이였다.
　　버니타는 버논에게도 자신의 임신 사실을 알리지 않았다. 오프라가 태어났을 때 버논은 이미 제대해서 고향으로 돌아간

뒤였다.

버니타의 어머니는 부모를 닮아서 까만 피부를 갖고 태어난 외손녀에게 '오르파'라는 이름을 지어 주었다. 오르파Orpah는 성경에 나오는 이름으로 '우두머리'라는 뜻이다.

그런데 시골 사람들에겐 이 이름을 발음하기가 무척 어려웠다.

"어디 보자, 아기 이름이 뭐라고 했지?"

어느 날 동네 할머니들이 아기를 보러 와서 이름을 물었다. 버니타는 친절하게 '오르파'라고 알려 주었다.

"오프라?"

"아뇨, 오프라가 아니고 오르파라고요."

"그래, 오프라."

버니타가 몇 번을 일러 줘도 마찬가지였다.

"애 이름이 왜 이렇게 어려워."

"어렵지 않아요, 할머니. 오프라가 아니고 '오르파!' 따라 해 보세요, 할머니!"

"응, 그래. 오프라."

"알았어요. 오프라든 오르파든 그게 그거죠, 뭐."

버니타는 동네 사람들이 아기 이름을 자꾸 틀리게 부르자 짜증이 났다. 그러다 알파벳 순서만 살짝 바꿔서 딸 이름을 오프라Oprah로 고쳐 버렸다. '오프라'는 부르기 쉽다는 것 말고는 아무 의미도 없는 이름이었다. 하지만 당장 먹고살 길이 막막했던 버니타에겐 아기 이름 가지고 신경 쓸 여유가 없었다.

버니타는 가난한 집안의 허영심 많은 소녀였다. 아기를 키우려면 돈이 필요했지만 시골에서는 할 수 있는 일이 별로 없었다. 돈을 벌 길이라곤 농장에서 허드렛일을 도와주고 적은 보수를 받는 정도였는데 그런 힘든 일은 하고 싶지 않았다.

'차라리 굶어 죽는 게 낫지, 난 절대로 이런 촌구석에서 밑바닥 일이나 하면서 살지는 않을 거야!'

버니타는 할 수 없이 버논에게 오프라가 태어난 사실을 알리고 도움을 청했지만 버논도 그 당시엔 생활비를 보태 줄 형편이 못 되었다. 결국 그녀는 오프라를 자신의 어머니에게 맡겨 놓고 멀리 다른 지방으로 돈을 벌러 떠났다. 오프라가 첫돌이 되기도 전이었다. 가엾은 오프라는 아버지 없이 자라야 하는 것도 모자라 여섯 살이 될 때까지 어머니와도 떨어져 살아야 했다.

오프라의 외갓집은 마을에서도 한참 떨어져 있었다. 친구라곤 집에서 키우는 소, 닭, 돼지, 개가 전부였다.

"오프라, 닭 모이를 줄 땐 공평하게 먹을 수 있게 골고루 뿌려 줘야 해."

외할머니는 오프라가 아주 어릴 때부터 가축들에게 먹이 주는 법을 가르쳤다. 농사일로 한창 바쁠 땐 작은 일손이라도 필요했다.

가난한 시골 마을이라 텔레비전도 없고 장난감도 구경하기 어려웠다. 그렇지만 오프라는 텔레비전이나 장난감이 없어도 불편한 걸 모르고 자랐다. 가까이 지내는 친구가 없으니 다른 집 아이들도 다 그렇게 사는 줄 알았다.

수돗물도 나오지 않았다. 오프라가 좀 더 자랐을 땐 우물에서 물을 길어 오거나 들판으로 소 떼를 몰고 나가 풀을 먹였다.

"오프라, 넌 정말 씩씩하고 착한 아이야!"

외할머니는 어린 나이에 투정 한번 부리지 않고 집안일을 돕는 오프라에게 늘 칭찬을 아끼지 않았다.

오프라는 밝고 쾌활한 성품을 가진 아이였다. 비록 부모님의 사랑이 어떤 건지도 모른 채 자라긴 했지만 외할머니는 부모님 못지않게 오프라를 잘 보살펴 주었다. 가끔은 외할머니와 식구들이 너무 바빠서 오프라 혼자서 놀아야 할 때도 있었지만, 그럴 땐 가축들과 마치 친구처럼 대화를 나누었다.

"병아리야, 그만 일어나. 내가 재미있는 얘기해 줄게."

닭장 한 귀퉁이에 모여 꾸벅꾸벅 졸고 있는 병아리들을 깨워 외할머니한테 들은 옛날이야기를 해 주었다. 병아리뿐만 아니라 돼지에게도 말을 걸었다.

"심심해? 그러니까 앞으로는 먹을 걸 가지고 욕심부리지 마. 알았지? 자꾸 그러면 친구들이 안 놀아 주잖아."

돼지우리 앞에선 제법 어른 흉내를 내기도 했다.

일요일에는 외할머니 손을 잡고 교회에 나갔다.
"할머니! 난 왜 엄마, 아빠가 없어요?"
어느 날, 오프라가 시무룩한 표정으로 친구들을 쳐다보며 말했다. 외할머니 손을 잡고 교회에 온 아이는 오프라 혼자뿐이었다. 외할머니는 오프라에게 부모님이 많이 바빠서 오지 못하는 것뿐이라고 했지만 오프라의 눈은 서운함으로 가득했다.
"너무 섭섭해 하지 마라, 얘야. 엄마, 아빠도 널 무척 보고 싶어 할 거야."
외할머니는 애써 위로하면서도 조용히 한숨을 내쉬었다. 외할머니의 그런 모습이 왠지 모르게 오프라를 더 슬프게 했다. 아주 어릴 때 돈 벌러 갔다는 어머니는 사진이라도 본 적이 있지만 아버지는 얼굴도 모르고 자랐다.
어머니는 오프라가 여섯 살이 되도록 한 번도 집에 오지 않았다. 어쩌면 오프라의 부모님은 오프라가 외할머와 함께 살고 있다는 사실조차 잊어버렸는지도 모른다.

'엄마, 아빠는 왜 나를 안고 사진을 찍지 않았을까……?'

친척 집에 놀러 갔다가 부모님 품 안에 안긴 친척 동생 사진을 보고 문득 궁금한 생각이 들었지만 외할머니께 물어보진 못했다. 오프라가 멍하니 사진을 바라보고 있는 사이 외할머니가 슬그머니 자리를 피해 버렸기 때문이다.

"오프라, 하나님이 널 세상에 내보냈을 땐 모든 사람의 사랑을 받도록 하기 위해서야. 함께 살진 않아도 엄마, 아빤 널 항상 사랑하고 있다는 걸 잊지 마라."

그날 저녁 외할머니는 오프라를 무릎에 앉히고 차분하게 이야기를 들려주었다. 오프라는 외할머니 무릎에 얼굴을 묻고 말없이 눈물만 흘렸다.

"그만 울어라, 아가. 네가 울면 이 할미가 어떻게 해야 할지 모르겠구나."

오프라는 외할머니의 슬픈 목소리에 그만 울음을 뚝 그쳤다. 외할머니는 오프라의 등을 토닥토닥 어루만져 주었다. 할머니의 손길은 언제나 따스했다.

"열심히 기도하면 엄마, 아빠가 널 데리러 올 거야."

스르르 잠이 오려는 순간 오프라의 눈이 반짝 빛났다.

"자기 전에 기도하는 걸 깜빡했어요, 할머니!"

오프라는 옷매무시를 단정히 한 뒤 얌전하게 무릎을 꿇고 앉았다.

"하나님, 이젠 절대로 울지 않을게요. 대신 엄마, 아빠가 너무 늦게 오지 않게 해 주세요."

오프라는 기도를 마친 뒤 침대에 누웠다. 그날 밤 오프라는 꿈속에서 선물을 한 아름 사 들고 와서 오프라를 향해 활짝 웃고 있는 부모님을 만났다.

오프라 윈프리의 성공 습관 1

힘들다고 불평하지 않기!

오프라는 어릴 때부터 늘 밝은 생각을 하려고 애썼어요. 부모님과 떨어져 사는 힘든 상황에서도 쾌활함을 잃지 않는 건강한 생활 태도는 어린 시절부터 홀로 설 수 있는 자신감을 키워 주었지요.

오프라의 외갓집은 가난하고 시골에서도 멀리 떨어져 있어 또래 친구를 만나기가 쉽지 않았어요. 하지만 오프라는 외롭다고 방에서 혼자 슬퍼하기보다는 집에서 키우는 가축을 돌보고, 동물 친구들에게 재미있는 옛날이야기도 들려주며 씩씩하게 지냈답니다.

어린이 여러분도 자신이 다른 친구들보다 어려운 환경에 있다고 슬퍼하거나 불평하지 말고 자신의 꿈을 그려보며 오프라처럼 씩씩한 어린이가 되도록 노력해 보세요.

넌 참 말을 잘하는구나

　시골 마을의 하루는 무척 바빴다. 어른들은 새벽부터 농장이나 과수원으로 일하러 나가고 저녁 무렵이 돼서야 집에 돌아왔다. 식구들이 일터에서 돌아올 때까지 집 안에는 늘 오프라 혼자뿐이었다. 종일 혼자 집 안에만 있으면 얼마나 심심한지 몰랐다. 가끔은 무서운 생각이 들 때도 있었다.

　말을 걸 상대라곤 집에 있는 가축들뿐이었다.

　"할머니는 채소를 많이 먹으라고 하시는데 시금치랑 당근은 정말 싫어."

"그래도 편식은 몸에 좋지 않으니까 억지로라도 먹어야겠지?"

"꼬꼬댁, 꿀꿀, 음매."

아무 대꾸도 없는 것보단 낫지만 가축들은 어떤 말을 해도 반응이 언제나 똑같아서 재미가 없었다. 그럴 때 오프라는 농장으로 외할머니를 찾아갔다.

농장은 집에서 멀지 않은 곳에 있었다. 그런데 외할아버지는 오프라가 자꾸 말을 걸어서 일하는 데 방해가 된다고 농장에 오는 걸 별로 좋아하지 않았다.

"뭐, 어때요. 난 우리 귀여운 손녀딸이 옆에 있으면 시간 가는 줄도 모르겠던데."

외할머니는 날씨가 너무 춥거나 덥지만 않으면 오프라가 일터에 따라 나오는 걸 허락해 주었다. 그러면 오프라는 외할머니 곁에 바짝 붙어 앉아서 재잘재잘 이야기보따리를 풀어 놓곤 했다.

병아리들이 꽃밭을 어질러 놔서 혼내 준 일, 송아지 먹이 주는 걸 깜박했던 일, 낮잠 자다가 꿈꾼 이야기, 외할머니가 보고 싶어 농장에 뛰어오다가 다람쥐를 만난 일까지 쉴 새 없이 떠들었다.

이외에 오프라가 잘하는 게 한 가지 더 있었다. 바로 성경 구절 외우기였다. 외할머니는 오프라가 세 살 때부터 글자를 가르쳤다.

"오프라, 얘기 다 끝났으면 어제 배운 성경 구절 한번 외워 보지 않을래?"

외할머니가 쉴 새 없이 이어지는 오프라의 수다를 멈추게 할 방법은 성경 구절을 외우게 하는 것이었다. 그러면 또 오프라는 신이 나서 자기가 알고 있는 성경 구절을 줄줄 외웠다. 할머니는 오프라가 낭랑한 목소리로 성경을 외우는 걸 보고 입에 침이 마르도록 칭찬해 주었다.

"우리 손녀딸 영리하기도 하지!"

할머니가 기뻐하시는 모습에 오프라는 기분이 날아갈 것 같았다.

"오프라, 할머니가 그렇게 좋니?"

지나가는 아주머니들이 외할머니와 인사를 나누며 오프라에게 말을 걸었다.

오프라가 큰 소리로 "네!" 하고 대답하자 아주머니들은 뭐가 그리 재미있는지 웃음 띤 얼굴로 또 말을 걸었다. 외할머니가 좋은 이유는 하늘의 별만큼, 들에 핀 꽃들만큼이나 많았다. 그 얘길 하려면 아마 내일이나 모레까지도 끝이 안 날 수도 있다.

"어린애가 어쩜 이렇게 또박또박 말을 잘할까? 근데 오프라는 벌써 글을 읽을 줄 안다면서요?"

"오프라 할머닌 똑똑한 손녀딸을 두셔서 좋으시겠어요."

아주머니들의 칭찬이 이어지자 외할머니 얼굴엔 함박웃음 꽃이 피어났다.

"우리 애는 글만 잘 읽는 게 아니라 성경도 아주 잘 외운답니다! 그렇지, 오프라?"

외할머니는 오프라에게 살짝 윙크했다. 아주머니들 앞에

서 실력을 뽐내 보라는 뜻이다.

"오프라, 넌 정말 대단하구나!"

아주머니들은 할머니가 시키는 대로 성경을 척척 외우는 어린 소녀의 모습이 믿기지 않는 듯 벌어진 입을 다물지 못했다.

교회에서도 오프라는 성경 외우는 솜씨로

유명했다. 부활절_{예수의 부활을 기념하는 축일}이나 크리스마스 때 오프라가 유치부 대표로 성경을 암송하면 사람들은 신동이 났다고 수군거렸다. 그럴 때마다 외할머니는 몹시 뿌듯한 표정이 되어 오프라의 등을 두들겨 주었다.

오프라는 외할머니의 사랑을 먹고 자랐다. 그렇다고 외할머니가 무턱대고 손녀딸을 귀여워해 주기만 했던 건 아니다. 오프라가 잘못한 일이 있으면 외할머니는 무섭게 야단을 쳤다. 때론 종아리가 아프도록 회초리로 맞기도 했다. 쓸데없이 어리광을 부리거나 떼를 썼다간 호된 꾸중을 듣거나 눈물이 쏙 빠지도록 벌을 섰다.

외할머니가 오프라를 엄하게 가르친 이유는 혹시라도 버릇없는 아이로 자랄까 염려했기 때문이다.

"오프라, 말을 잘하는 것과 수다스러운 건 다른 거란다. 언제 어디서나 정직하고 바른말만 해야 해. 알았지?"

외할머니는 아주 작은 일이라도 오프라가 속임수를 쓰거나 거짓말을 했다는 게 밝혀지면 절대 용서하지 않았다. 덕분에 오프라는 항상 겸손하고 남을 배려할 줄 알며 솔직하고 밝은 성품을 가진 아이로 자라났다.

비록 넉넉한 형편은 아니었지만 외할머니는 오프라를 남부럽지 않게 키우려고 노력했다. 매일 정성이 가득 담긴 맛있는 음식을 만들어 주었고 예쁜 옷을 직접 만들어 주기도 했다. 그렇게 언제까지나 외할머니의 따뜻한 보살핌 속에 살아갈 줄만 알았던 오프라에게 갑작스러운 슬픔이 닥쳐온 것은 여섯 살 때였다. 언제까지나 자신을 지켜 줄 것이라고 믿었던 외할머니가 병으로 앓아눕게 된 것이다.

"난 이제 너무 늙어서 더는 널 돌봐 줄 수가 없구나. 이제 곧 네 엄마가 널 데리러 올 거야."

며칠째 자리에 누워만 계시던 외할머니의 힘없는 목소리에 오프라는 기뻐해야 할지 슬퍼해야 할지 몰랐다. 어머니가 자신을 데리러 온다는 건 기쁜 일이지만 외할머니와 떨어져 산다는 건 상상도 못 해 본 일이기 때문이다.

"걱정할 것 없다. 오프라, 넌 어딜 가든 사랑받을 거야."

외할머니는 오프라의 손을 다정하게 어루만지며 나지막이 한숨을 내쉬었다. 오프라의 눈에선 닭똥 같은 눈물이 뚝뚝 떨어졌다. 절대로 울지 않으려고 했는데 눈물은 좀처럼 멈추지 않았다.

오프라 윈프리의 성공 습관 2

항상 겸손하기

어릴 때부터 모든 사람에게 칭찬받는 데 익숙해진 오프라는 외할머니의 엄격한 가르침에 따라 겸손한 태도가 몸에 배었어요. 이런 겸손함은 훗날 많은 사람에게 호감을 얻는 오프라의 장점이 되었지요.

오프라는 어린 시절을 외롭게 보냈지만 말도 잘하고 글도 잘 읽었답니다. 특히 성경을 날마다 읽으며 외할머니를 기쁘게 했어요. 외할머니는 오프라가 성경을 잘 읽는 것을 이웃들에게 자랑하기도 하셨고요. 그때마다 오프라는 자신의 모습을 내세우기보다 더욱 성경을 열심히 읽으며 주위를 놀라게 했답니다.

어린이 여러분도 칭찬을 받고 우쭐하기보다는 칭찬을 밑거름 삼아 더욱 열심히 노력하면 훗날 멋진 꿈을 이룰 수 있을 거예요.

오프라는 떠돌이

　오프라의 어머니가 사는 곳은 밀워키라는 공업 도시였다. 시골 마을과는 비교도 안 될 만큼 크고 복잡한 도시에 발을 내딛는 순간, 오프라는 넋이 나갈 지경이었다. 시골에선 좀처럼 보기 어려운 자동차와 공장 건물이 빽빽이 들어찬 거리를 걷다 보니 저절로 두 눈이 휘둥그레졌다.

　"여기가 우리 집이야."

　어머니는 큰 도시와는 어울리지 않는 비좁은 골목길로 들어가 어느 낡은 아파트로 오프라를 데려갔다. 현관문을 열자

신발은 아무렇게나 흩어져 있고 거실엔 지저분한 빨랫감이 잔뜩 쌓여 있었다. 가난한 흑인들만 모여 사는 방 한 칸짜리 아파트가 이제부터 오프라가 살 집이었다.

"애는 네 동생 패트리샤란다."

잠시 후, 어머니가 이웃집에 맡겨 놓았던 아기를 안고 들어와 소개했다. 그날 오프라는 두 번 놀랐다. 아파트에 처음 들어섰을 때 시골에서 살던 때와 달리 집이 너무 좁아서 좀 어리둥절했다. 그러나 이런 놀라움은 어머니 집에 자기도 모르는 동생이 살고 있다는 사실을 알았을 때의 충격에 비하면 아무것도 아니었다.

패트리샤는 태어난 지 6개월밖에 안 된 여자아이였는데 오프라와는 아버지가 달랐다. 동생도, 아파트 생활도, 오프라에겐 모든 게 낯설기만 했다. 어머니는 어느 부잣집에서 보수를 받으며 집안일을 해 주고 있었다. 어머니는 일하러 간 동안 오프라와 패트리샤를 이웃집에 맡겼다가 저녁 시간에 데려오곤 했다.

처음으로 어머니와 같이 살게 되었지만 오프라는 여전히 외로웠다. 그래도 외갓집에 살 땐 외할머니를 쫓아 농장에 갈 수도 있고 소를 몰고 뒷산에 올라가 놀 수도 있었다. 하지만 온통 시멘트에 둘러싸인 아파트에서 오프라가 할 수 있는 일은 온종일 멍하니 어머니를 기다리는 일뿐이었다.

어머니가 집에 와도 외롭긴 마찬가지였다. 일이 고된 탓인지 늘 지치고 피곤한 얼굴이었던 어머니는 동생만 예뻐하는 것 같았다. 오프라에겐 말도 잘 걸지 않았다. 어머니 눈에는 아예 오프라가 보이지 않았던 건지도 모른다.

밤에는 동생만 데리고 방에서 자고 오프라에겐 마루에 작은 침대를 놓아 주었다. 캄캄한 마루에서 혼자 자는 건 정말이지 무섭고 싫었다. 그럴 땐 시골에 계신 외할머니의 따뜻한 품속이 너무나 그리웠다. 외할머니라면 절대로 오프라를 그렇게 놔두진 않았을 것이다.

어머니는 쉬는 날이면 친구들을 집으로 불러들여 카드놀이를 하거나 맥주를 마시고 놀았다. 그런 날은 좁은 집이 시끌

벅적한 소리로 가득 차서 정신이 하나도 없었다.

"버니타, 쟤는 누구야?"

"응? 내 딸이야."

집에 놀러 온 사람들이 오프라에 대해 물으면 어머니는 성가시다는 듯 짧게 대꾸하며 다시 카드놀이에 빠져들곤 했다. 사람들 역시 오프라에게는 관심도 두지 않았다. 아무도 오프라가 뭘 잘하는지, 뭘 좋아하는지 알려고 하지 않는 것 같았다.

오프라는 점점 말이 없고 시무룩한 아이로 변해 갔다. 어머니는 오프라를 유치원에 보내 주었지만 재미없긴 마찬가지였다. 유치원에서 가르치는 것들은 이미 다 아는 것들이었다.

"선생님, 저는 글자랑 숫자를 아니까 유치원에 다닐 필요가 없어요."

유치원 선생님은 오프라가 또박또박 자기 생각을 표현한 편지를 보고는 곧바로 초등학교 1학년으로 입학시켜 주었다.

"이 아이는 아주 영리해서 당장 2학년으로 보내도 아무 문제가 없을 것 같군요."

1학년 담임 선생님 역시 오프라의 실력이 또래 아이들보다 훨씬 뛰어나다며 무척 놀라워했다. 이렇게 해서 유치원생에서 초등학교 2학년으로 월반하게 된 오프라는 학생들은 물론 선생님들의 관심을 한몸에 받았다.

'엄마도 이 사실을 알면 기뻐하시겠지?'

오프라는 신이 나서 집으로 달려갔다. 그러나 어머니는 오프라의 이야기를 듣고도 별 관심이 없었다. 시골 외할머니라면 단박에 머리를 쓰다듬으며 잘했다고 칭찬해 주었을 텐데 어머니는 별 관심이 없는 모양이었다.

"흥! 그깟 공부 좀 하는 게 뭐 그렇게 대단한 일이라고 호들갑이람!"

어쩌다 이웃 사람들이 오프라를 칭찬해도 대수롭지 않다는 듯 말하곤 했다. 학교에선 똑똑한 아이로 소문났지만 집에 오면 오프라는 여전히 천덕꾸러기 신세였다. 오프라는 어머니가 자신을 미워한다고 생각했다. 그럴 거면 외할머니 집에 살도록 그냥 놔두지 왜 데려왔는지 어머니를 이해할 수가 없었다.

시간이 지날수록 어머니와는 사이가 더 나빠질 뿐이었다. 어머니는 종종 별것도 아닌 일로 크게 야단치곤 했다. 오프라는 점점 비뚤어지고 반항적으로 변했다. 자신을 사랑하지도 않는 어머니와 함께 살고 싶지도 않았다. 결국 어머니는 오프라를 친아버지에게 보내기로 했다.

"정신 똑바로 차리고 있다가 이 종이에 적힌 정류장에 내리면 아빠가 널 기다리고 있을 거야. 넌 영리하니까 혼자 갈 수 있지?"

밀워키로 온 지 2년이 지난 어느 날, 어머니는 오프라를 버스에 태워 아버지가 사는 내슈빌로 보냈다. 오프라가 여덟 살 때 일이다.

"안녕? 네가 오프라구나. 반갑다!"

낯선 도시의 버스 정류장에 내려선 오프라를 향해 처음 보는 남자가 자신을 아버지라고 소개했다. 아버지는 내슈빌에서 작은 식료품 가게를 운영하며 젤마라는 여자와 결혼해서 살고 있었다.

아버지와는 첫 만남이었지만 오프라는 곧 새로운 생활에 익숙해졌다. 아버지는 오프라가 낯선 환경에 적응할 수 있도록 세심하게 보살펴 주었고 젤마 아줌마는 오프라를 친자식처럼 대해 주었다.

젤마 아줌마는 훌륭한 가정 교사였다. 아줌마는 오프라에게 적어도 한 달에 두 권은 책을 읽고 독후감 쓰는 습관을 들이도록 가르쳤다. 덕분에 오프라의 성적은 쑥쑥 올라갔다. 어머니와 살 때와는 전혀 다른 생활이었다. 아버지와 젤마 아줌마 사이에는 아이가 없어 오프라는 귀여움을 독차지했다. 학교에서도 영리하고 공부 잘하는 오프라와 친구가 되고 싶어 하는 아이들이 많았다.

그러던 어느 날, 다른 남자와 결혼한 어머니가 오프라를 데리러 왔다. 아버지는 가능하면 오프라와 같이 살고 싶어 했지만 어머니의 고집을 꺾지는 못했다. 어머니는 이제 새집으로 이사도 했으니 오프라를 잘 키울 수 있다고 했다. 하지만 그건 순전히 어머니의 말뿐이었다. 다시 어머니가 오프라를 데려간 방 두 칸짜리 아파트에는 남동생이 한 명 더 있었다. 집을 떠나 있는 동안 어머니가 또 아기를 낳은 것이다.

"이젠 너도 다 컸으니 동생들을 돌봐 줘야 해."

여전히 일 때문에 바쁜 어머니는 오프라에게 동생들을 맡기고 저녁 늦은 시간에나 돌아왔다. 휴일이면 시장처럼 북적거리는 집안 분위기도 여전했고 누구 하나 오프라에겐 관심을 두지 않는 것까지, 무엇 하나 변한 게 없었다.

오프라는 예전으로 돌아가고 싶었다. 외할머니, 아버지, 젤마 아줌마의 얼굴이 차례로 떠올랐다. 당장에라도 달려가고 싶었지만 보고 싶은 얼굴들은 너무 멀리 있었다. 오프라는 모든 게 슬프고 막막하기만 했다.

오프라 윈프리의 성공 습관 3

한 달에 두 권씩 책 읽기

오프라는 책 읽기를 통해 세상에 대한 폭넓은 이해심을 갖게 되었어요. 이러한 간접 경험은 자연스럽고 깊이 있는 대화를 이끌어 가야 하는 토크 쇼 진행자로서의 자질을 갖추는 데 결정적인 역할을 해 주었지요.

책과 관련된 수많은 말이 있지만 '책 속에 길이 있다'라는 말은 자라나는 어린이 여러분이 꼭 기억해야 한다고 생각해요. 책을 읽으면 자신이 꿈꾸었던 일이 펼쳐지고, 실제 생활에서는 불가능했던 일을 모두 이루게 해 주니까요. 상상으로 쓴 이야기라 가능한 거라고요? 물론 상상해서 쓴 이야기지만 책을 읽다 보면 머릿속에 떠오른 것들을 실제로 이루기도 한답니다.

어린이 여러분, 귀찮다고 책 읽기를 게을리하면 점점 자신의 꿈과 멀어지게 된다는 것을 절대 잊지 마세요.

태풍의 한가운데

　세상에 태풍이 오기를 기다리는 사람은 아무도 없다. 이미 몰아치기 시작한 태풍을 멈추게 할 수 있는 사람 또한 아무도 없다. 우리는 신이 아닌 사람이기 때문이다.
　오프라의 인생에 태풍이 몰아친 것은 아홉 살 때였다. 그것은 너무나 갑작스럽고, 무시무시하고, 끔찍하고, 잔인한 태풍이었다.
　불행은 어머니가 친척 집에 오프라를 돌봐 달라고 부탁하면서 시작되었다. 오프라는 그 친척 집에 살던 사촌 오빠에게 차마 떠올리기도 싫은 몸과 마음의 상처를 입었다. 그는 어린 오프라의 몸을 함부로 더럽혔다. 대체 왜 이렇게 끔찍한 일이 벌어진 건지, 어떻게 하면 몸서리치는 현실에서 벗어날 수 있는지 알지 못했던 오프라는 겨우 아홉 살이었다.

끔찍한 일은 그 후로도 여러 번 일어났다. 오프라는 스스로 자기 몸을 지킬 힘도, 누구에게 도움을 청할 수도 없었다. 그저 무섭고 두려워 아무도 모르는 마음속 지옥에 갇혀 떨고만 있었다.

'오프라, 사람은 자기가 생각하는 대로 살게 되는 거야. 지금 당장 나쁜 일이 있다고 우울한 생각만 하게 되면 내일도, 모레도 좋은 날은 오지 않아. 그러니까 항상 즐거운 생각만 하렴.'

오프라는 무서운 생각이 들 때마다 아버지가 해 준 말을 떠올렸다.

살다 보면 늘 나쁜 일만 있는 것은 아니다. 힘든 하루 중에도 돌아보면 즐거웠던 순간이 있다. 학교에서 친구들과 재미있게 지냈던 일, 늘 차갑고 신경질적이던 어머니가 어떤 날은 기분이 좋아서 다정하게 웃어 주던 일, 외할머니가 만들어 준 맛있는 음식들, 아버지와 손잡고 산책하던 일 등 좋았던 기억만 떠올렸더니 우울한 기분이 조금씩 사라졌다.

'난 반드시 강하고 훌륭한 사람이 될 거야!'

상처를 잊기 위해서라도 오프라는 더욱더 열심히 독서에 매달렸다. 책을 읽는 동안만큼은 두려웠던 기억도, 혼자서는 도저히 감당하기 어려운 상처도 자신과는 상관없는 먼 세상의 일처럼 느껴졌다.

아무것도 모르는 어머니는 오프라가 늘 책만 읽는 걸 못마땅하게 여겼다. 심지어 어느 날은 오프라가 읽던 책을 빼앗아 던지기까지 했다.

"매일 책만 붙들고 있으면 인생이 달라지는 줄 아니? 그러면 네가 무슨 대단한 애라도 되는 줄 착각하는 모양인데 넌 그냥 책벌레에 지나지 않아!"

도서관에 데려가기는커녕 구박만 하는 어머니와 같이 살면서도 오프라는 하루도 책을 손에서 놓지 않았다. 그 상황에선 독서만이 자기에게 위안을 주는 유일한 친구였기 때문이다.

성적은 중학교에 가서도 줄곧 상위권을 유지했다. 선생님들은 오프라의 가정 형편을 생각해서 장학금을 받고 고등학교에 다닐 수 있는 프로그램에 추천해 주었다. 덕분에 오프라는 백인 상류층 학생들이 대부분인 니콜릿 고등학교에 장학생으로 뽑혀 갔다.

니콜릿 고등학교는 오프라가 사는 동네에서 꽤 멀리 떨어진 글렌데일 지역에 있었다. 그런데 전체 학생 중에 피부가 새까만 아이는 오프라뿐이었다. 게다가 자신과는 비교도 안 될 만큼 풍족한 환경에서 자란 아이들이 대부분이었다.

오프라는 실력으로 이 모든 차이를 극복할 수 있을 것으로 생각했다. 그러나 시간이 갈수록 오프라의 마음은 우울함으로 가득 찼다. 우등생인 자신을 대하는 선생님들의 칭찬도, 친구들이 자신과 친해지고 싶어 하는 것도 비참한 현실을 잊게 해 주진 못했다.

다른 친구들에겐 부모님의 사랑과 보살핌이 있어 가장 안전하고 편안한 장소인 집이 오프라에겐 지옥이나 마찬가지였다. 남보다 가난하게 사는 것 정도는 얼마든지 참을 수 있었다. 하지만 또래 친구들은 상상도 할 수 없는 끔찍한 일이 오프라의 집에선 아무렇지도 않게 계속되고 있었다. 학교에서 돌아오면 여전히 친척 오빠를 비롯한 낯선 남자들이 집으로 찾아와 오프라에게 못된 짓을 저지르곤 했다.

"싫어요! 제발 내 몸에 손대지 마요!"

어머니가 없는 집 안에서 오프라의 간절한 외침은 아무 소용이 없었다. 남자들이 자신의 몸에 못된 짓을 할 때마다 견딜 수 없는 고통과 수치심으로 몸부림쳤지만 돌아오는 건 더 큰 외로움과 절망감뿐이었다.

어머니는 사춘기 딸의 고통을 전혀 눈치채지 못했고 알려고도 하지 않았다. 고된 노동에 지쳐 마음으로 자식을 보살필 여유조차 없었다. 오프라 역시 그런 어머니의 속사정을 전부 이해할 순 없었다. 다만 자신을 지독한 고통 속에서 구해 주지 않는 어머니가 원망스러울 뿐이었다. 그러던 중 오프라의 인생에 두 번째 태풍이 몰아쳤다. 집에 들어가기 싫어서 밤거리를 방황하는 시간이 점점 늘어나기 시작한 것이다. 돈이 필요하면 어머니 지갑에 손을 댔고 그 일로 야단맞는 것이 두려워 수시로 거짓말을 했다. 공부에도 흥미를 잃었다. 사람들이 눈살을 찌푸릴 만큼 야한 옷을 입고 밤거리를 누비며 학생으로서 해서는 안 될 행동도 서슴지 않았다. 어렵고 힘든 상황

에서도 꿋꿋하던 오프라가 학교에서도 소문난 문제아가 된 것이다.

언제부턴가 어머니의 잔소리도 귀에 들어오지 않았다. 어머니는 오프라가 비뚤어진 행동을 할 때마다 이전보다 심하게 야단치다 못해 눈물로 호소하기도 했다. 하지만 어머니가 오프라에게 심각한 문제가 생겼다는 걸 알아차렸을 땐 이미 때가 늦은 뒤였다. 간섭은 오히려 반항심을 키우는 구실이 되었다.

오프라는 더 이상 어머니의 꾸중을 두려워하지도, 뭐든 잘해 보려고 노력하지도 않았다. 그저 마음 내키는 대로 행동하고 누구든 자신의 행실을 비난하는 사람이 있으면 서슴지 않고 대들었다. 이 무렵 오프라는 세상 모든 것들에 상처 입은 한 마리의 작은 짐승 같았다.

어머니는 점점 나쁜 길로 빠지는 오프라의 방황을 감당할 자신도, 능력도 없었다. 그렇다고 이대로 지켜보고만 있을 수는 없다고 판단한 어머니는 마침내 결단을 내렸다. 오프라를 친아버지가 있는 곳으로 다시 보내기로 한 것이다.

"잘 왔다, 오프라. 얼마나 보고 싶었는지 몰라!"

아버지와 젤마 아줌마는 몇 년 만에 만난 오프라를 반갑게 맞아 주었다. 하지만 오프라는 예전처럼 활짝 웃는 모습을 보여 줄 수가 없었다.

오프라의 몸에는 엄청난 변화가 일어났다. 밤거리를 헤매고 다니는 동안 자신도 모르게 임신을 하게 된 것이다. 오프라는 이때 겨우 열네 살이었다. 한 아이의 어머니가 된다는 것이 무엇을 뜻하는지도 알 수 없는 나이에 아기를 낳게 된다는 건 너무나 가혹한 현실이었다. 오프라는 그저 앞으로 닥칠 일이 불안하고 무섭기만 했다. 부모님에게조차 이런 엄청난 비밀을 털어놓을 용기가 없었다.

"오프라, 혼자만 고민하지 말고 뭐든 얘기해 보렴. 무슨 일이 있는 거니?"

아버지와 젤마 아줌마는 뭔가 심각한 문제가 생긴 게 분명하다고 느꼈지만 끝내 오프라의 입을 열게 하지는 못했다. 그렇게 혼자서 공포와 불안에 떠는 동안 배 속의 생명은 점점 자라서 곧 세상 밖으로 나올 준비를 하고 있었다.

아버지와 젤마 아줌마가 충격적인 사실을 알게 되었을 때 오프라는 이미 임신 9개월째였다. 두 분은 놀랄 겨를도 없었다. 오프라의 출산은 예정보다 앞당겨졌고 아기는 태어난 지

몇 주도 안 돼 하늘나라로 가 버렸다.

　오프라는 이 모든 불행이 자기 탓이라고만 생각했다. 음식을 먹을 수도, 잠을 잘 수도 없었다. 죄책감에 너무 가슴이 아파서 숨조차 쉴 수 없었다. 할 수 있는 건 오로지 기도뿐이었다. 오프라는 부디 하늘나라에서나마 아기가 행복하게 살게 해 달라고 매일 울면서 기도했다.

　"하나님, 아기는 아무 죄가 없어요. 모든 게 제 잘못이에요!"

　잘못을 뉘우치며 간절히 기도하다 보면 조금이나마 마음이 평화로워지는 것을 느낄 수 있었다.

오프라 윈프리의 성공 습관 4

긍정적인 사고방식

오프라는 어린 나이에 감당하기 어려운 고통을 겪었습니다. 혼자서는 도저히 감당할 수 없는 불행한 사건이었지요.

하지만 오프라는 결코 이 시련에 무릎 꿇지 않았습니다. 자신의 미래를 위해 끝까지 희망을 버리지 않고 긍정적으로 생각하고 행동했답니다.

어린이 여러분도 분명히 친구 관계나 가정, 학교생활에서 어려운 일들을 겪을 거예요. 그때마다 얼굴을 찡그리며 화내고 투정 부리기보다 활짝 웃으며 긍정적으로 생각해 보세요. 그러면 몸과 마음이 가벼워지고 어렵다고 생각한 일도 쉽게 풀릴 거예요.

시련을 딛고 꿈을 향하여

"너무 슬퍼하지 마라, 애야. 이미 지나간 일을 돌이킬 순 없어. 고통을 딛고 일어나 열심히 살아가는 것만이 네가 할 수 있는 최선이야."

아버지의 끊임없는 위로와 격려는 고통 속에 신음하고 있던 오프라를 일으켜 세우는 힘이 되었다.

얼마 후 오프라는 이스트 내슈빌 고등학교로 전학을 갔다. 평범한 흑인 가정의 학생이 대부분인 이 학교는 불행했던 과거의 악몽을 잊고 새로운 꿈을 펼칠 수 있는 인생의 출발점이기도 했다. 이곳에선 적어도 피부색이나 가정 환경의 차이 때문에 마음고생 할 일이 없었다.

오래 지나지 않아 새 친구들도 생겼다. 오프라는 점차 마음의 안정을 되찾고 공부에 집중할 수 있게 되었다. 니콜릿 고등학교 장학생이었던 오프라의 실력은 새 학교에서도 빛을 발했다. 자신감을 되찾은 오프라는 시간이 날 때마다 책을 읽었고 연극반과 토론 클럽 등 자신의 특기를 살릴 수 있는 특별 활동에도 적극적으로 참여했다.

"오프라, 너에겐 대중을 설득시키는 힘이 있어."

선생님들은 오프라가 연설에 뛰어난 재능이 있다는 것을 알아보고 큰 행사가 있을 때마다 사회자를 시켰다. 그렇게 한두 번 경험이 쌓이면서 오프라는 학교뿐 아니라 내슈빌 지역 시민 단체가 주관하는 행사에서 사회자를 도맡아 할 정도로 말 잘하는 학생으로 이름을 떨쳤다.

오프라의 활동 무대는 점점 넓어졌다. 1971년 4월 콜로라도 주에서 열린 '백악관 청소년 회의'에 참석하게 되었다.

오프라는 언론, 교육, 종교, 경제 등 각 분야의 전문가들과 청소년들이 한자리에 모여 다양한 의견을 교환하는 프로그램에 테네시 주 학생 대표로 참가하였다.

그러던 어느 날 오프라는 인생의 전환점을 만들어준 한 사람을 만나게 되었다.

"안녕? 내 이름은 존 히델버그라고 해. 혹시 라디오 방송국에서 일해 보고 싶지 않니?"

오프라에게 방송인의 재능이 있음을 알아본 남자는 라디오 방송국 관계자였다.

"마침 오후 시간에 뉴스를 진행할 앵커를 찾던 중인데 생각이 있으면 방송국으로 날 찾아오렴."

존 히델버그는 오프라가 뉴스 진행자로서의 재능이 충분하다고 말했다. 무엇보다 오프라의 귀를 솔깃하게 만든 건 주당 100달러의 보수를 받을 수 있다는 말이었다.

"실기 시험에 합격하면 진짜 방송국에서 일할 수 있게 되는 건가요?"

"물론이지!"

"그럼 한번 도전해 볼게요."

일주일에 100달러는 학생인 오프라에게 꽤 큰 액수였다. 존 히델버그의 권유대로 실기 시험에 참가한 오프라는 당당하게 합격했다.

"오프라, 역시 넌 대단한 아이야. 우린 네가 정말 자랑스럽다!"

아버지와 젤마 아줌마는 오프라의 합격 소식을 누구보다도 기뻐했다. 이때부터 오프라는 낮에는 학교에 가고 오후엔 방송국에 가서 뉴스를 진행하는 앵커로 아르바이트를 시작했다.

아르바이트를 시작하면서 하루하루 정신없이 보냈지만 성적은 늘 상위권을 유지했다. 친구들은 그런 오프라를 부러워했다.

'이젠 학비 정도는 내 힘으로 해결할 수 있게 되었어. 그것도 내가 좋아하는 일을 하면서 말이야.'

오프라는 모든 게 꿈만 같았다. 그동안 아버지의 일을 도와 가며 용돈을 받아 쓰곤 했지만 마음 한구석은 늘 부담스러웠다. 아버지도 그다지 수입이 넉넉한 편은 아니란 걸 알기 때문이었다.

그해 오프라는 '화재 예방 미인 대회'에 참가했다. 이번에도 존 히델버그의 권유에 의해서였다.

"전 특별히 얼굴이 예쁜 것도 아닌데 미인 대회와는 너무 안 어울리는 것 아닐까요?"

"오프라. 외모가 아름다운 것만이 미인의 기준은 아니라고 생각해. 이 대회에서 뽑히면 화재 예방에 대한 홍보 활동으로 공식 행사에 설 일이 많아질 테니 당연히 말솜씨가 좋아야 하고, 분위기를 자연스럽게 이끌어 갈 만한 순발력 같은 걸 중요하게 보지 않겠니?"

존 히델버그는 대회 참가를 망설이는 오프라에게 용기를 주었다.

"사람들 앞에서 말하는 거라면 잘할 자신이 있어요."

결국 오프라는 대회에 참가하기로 마음을 굳혔다.

'화재 예방 미인 대회'는 백인 여성들만의 잔치였다. 오프라는 쟁쟁한 미모의 백인 여성 후보자들 틈에 흑인 여성은 자기 혼자뿐이란 사실을 알고 당황했지만 내색하지 않았다. 남들 앞에선 절대 그런 이유로 기죽은 모습을 보이고 싶지 않았기 때문이다.

대회 심사 위원들은 티 없이 밝고 당당한 모습으로 질문에 또박또박 답하는 오프라의 모습에 강한 인상을 받았다. 그중 한 심사 위원이 장래 희망이 무엇인지 물었다. 순간 오프라의 머릿속에 떠오른 사람이 있었다. 바로 바바라 월터스였다.

"저는 진실을 알리는 방송 기자가 되고 싶습니다."

바바라 월터스는 당시 미국에서 가장 유명하고 영향력 있는 여성 앵커 가운데 한 명이었다. 그전까지 오프라는 자신의 미래에 대해 생각해 본 적이 거의 없었다. 그런데 심사 위원의 질문이 떨어진 순간 바바라 월터스처럼 텔레비전에서 마이크를 잡고 이야기하는 자신의 근사한 모습이 그려졌다.

'나라고 바바라처럼 멋진 방송인이 되지 말란 법은 없잖아?'

무대를 내려오고 나서도 온통 그 생각뿐이었다.
놀랍게도 오프라는 이날 '화재 예방 미인 대회' 역사상 흑인 여성으로서는 처음으로 왕관을 쓴 우승의 주인공이 되었다.

말을 잘한다는 건 외할머니와 지낼 때부터 너무나 익숙하게 들어온 칭찬이었다. 이때부터 오프라는 세상 곳곳에서 벌어지는 일들을 시청자들에게 전달하는 앵커라는 직업의 매력에 푹 빠지게 되었다.

"아빠, 나 이제 진짜로 하고 싶은 일이 생겼어요. 앞으로 더 열심히 노력해서 훌륭한 방송인이 될 거예요!"

오프라는 제일 먼저 자신의 결심을 아버지에게 말했다.

"고맙다, 오프라. 넌 뭐든 잘 해낼 수 있을 거야."

아버지는 어느새 훌쩍 성장한 딸의 모습이 대견스러워 눈시울을 붉혔다.

순간 오프라는 어두운 터널에 갇혀 있다 빠져나온 것처럼 가슴이 탁 트이는 느낌에 사로잡혔다. 마침내 방황은 끝났다. 이제 오프라에게도 이루고 싶은 꿈이 생긴 것이다.

오프라 윈프리의 성공 습관 5 ||||||||||||||||||||||||||||||

남에게 의지하지 않는 독립심

　오프라는 어려운 일을 겪고 정신적으로 훌쩍 성장했어요. 그 나이 땐 감히 상상할 수 없을 만큼 가혹한 시련이었지만 자신을 정성껏 보살펴 준 부모님께 감사하며 다시 학생의 자리로 돌아갔지요.

　다른 사람을 설득하는 능력이 뛰어났던 오프라는 '백악관 청소년 회의'와 '화재 예방 미인 대회'에서 재능을 선보이며 자신의 꿈을 발견하게 되었답니다. 또한 이때의 경험은 오프라가 방송인으로 성공하는 출발점이 되었어요.

　어린이 여러분, 꿈을 찾아가는 일은 어떤 것보다 중요한 일이에요. 꼭 하고 싶은 일이 있다면 과정이 어렵더라도 견디며 스스로 꿈을 찾는 여행을 시작해 보세요.

실망을 주는 사람이 되긴 싫어

1971년 가을, 오프라는 테네시 주립 대학교 신입생이 되었다.

화법과 드라마를 전공과목으로 정한 오프라는 오로지 공부만 열심히 했다. 이미 고등학교 때 학생회 부회장과 연극반 활동을 했던 경험이 있었던 오프라는 학과 공부에도 빠르게 적응했다.

방송에 대한 두 번째 기회가 찾아온 것은 대학교 2학년 때였다. 이번에는 내슈빌의 WLAC 텔레비전 방송국으로부터 여성 앵커를 뽑는 시험에 응시해 보라는 제안을 받았다.

아직 여자가, 더구나 흑인 여성이 텔레비전 뉴스 앵커로 활동하는 경우는 아주 드물었다.

'쉽진 않겠지만 해 볼 만한 가치가 있어. 시험에 합격하기만 하면 난 내슈빌 최초의 흑인 여성 앵커가 되는 거야!'

새로운 도전을 향한 용기가 오프라의 가슴을 뛰게 했다.

이때부터 오프라는 바바라 월터스가 진행하는 뉴스 프로그램을 꼬박꼬박 챙겨 보며 시험을 준비했다. 바바라 월터스는 평소

자신이 존경하는 인물이고, 또 미국에서 제일 잘 나가는 여성 앵커라는 점에서 충분히 배우고 따라 할 만한 가치가 있다고 생각했다.

매일 거울을 보면서 면접시험에 대한 준비도 철저히 했다. 혹시라도 갑작스러운 질문이 나오면 당황하게 될까 봐 예상 질문지를 만들어 놓고 최대한 자연스럽게 대답할 수 있도록 연습에 연습을 거듭했다.

그렇게 열심히 노력한 결과 오프라는 WLAC 텔레비전 방송국에서 가장 나이가 어린 여성 앵커로 뽑혔다. 이때부터 오프라에겐 내슈빌 최초의, 최연소 흑인 여성 앵커라는 말이 따라다녔다.

매일 학교와 방송국을 오가며 눈코 뜰 새 없이 바쁜 나날이 계속되었지만 오프라는 학교 공부도 방송국 일도 모두 열심히 했다. 대학교 졸업반이 되었을 때 오프라는 방송국 대표 앵커로 자리 잡으며 이미 내슈빌의 유명 인사가 되어 있었. 세 번째 기회가 찾아온 것은 바로 이 무렵이었다.

ABC는 미국의 대표적인 방송국이다. 바로 ABC 방송국의 계열사로 미국 10대 방송국 중 한 곳인 WJZ 텔레비전 방송국에서 오프라에게 저녁 뉴스를 진행해 보지 않겠느냐는 제의를 해 온 것이다.

WJZ 텔레비전 방송국 앵커, 그중에서도 '방송의 꽃'이라는 여성 앵커가 된다는 것 자체만으로도 오프라에겐 엄청난 행운이었다. 그러나 방송국이 있는 볼티모어는 내슈빌에서 너무 먼 곳이고 오프라는 아직 학생 신분이었다.

오프라는 중대한 선택의 갈림길에 서게 되었다. 볼티모어로 가게 되면 대학 졸업은 포기해야 했다.

"공부는 많이 할수록 살아가는 데 힘이 되는 거야. 대학을 졸업하면 네가 할 수 있는 일이 더 많아질 텐데 지금은 너무 성급한 것 같구나. 아무래도 학교는 졸업하는 게 좋지 않겠니?"

아버지는 오프라가 일 때문에 학업을 도중에 포기해야 하는 상황을 못마땅해 했다. 아버지 말대로 학교를 졸업하고 난 뒤에도 기회는 얼마든지 있을 것 같았다.

'하지만 이왕 방송 일을 목표로 정한 이상 조금이라도 빨리 시작하는 게 낫지 않을까?'

오프라는 며칠을 고민하던 끝에 졸업장보다는 꿈을 좇아가기로 결정을 내렸다. 그것이 결코 쉬운 결정은 아니었음을 알고 아버지도 결국 오프라의 선택을 존중해 주었다.

이렇게 해서 스물두 살의 오프라는 성공을 향한 부푼 꿈을 안고 볼티모어로 떠났다. 난생처음 가족과 떨어져 살아야 한다는 게 두렵긴 했지만, 한편으로는 독립생활에 대한 기대감에 설레기도 했다.

'이제 아빠를 걱정시킬 일 없을 테니 그냥 절 지켜봐 주세요. 누구보다 더 열심히

노력해서 반드시 아빠의 자랑스러운 딸이 될게요!'

자신이 떠나는 모습을 지켜보는 아버지를 보며 몇 번이고 다짐했다. 집은 점점 멀어져 갔다. 볼티모어가 가까워질수록 오프라의 마음속에는 미래에 대한 뜨거운 열망이 끓어올랐다.

그러나 세상은 만만하지 않았다. 오프라는 방송국에 입사한 지 얼마 되지 않아서 앵커로서의 자질이 부족하다는 평가를 받았다. 앵커라면 당연히 갖춰야 할 이성적인 태도가 보이지 않는다는 것이었다. 그래서 직접 사건 현장에 나가 소식을 전달해 주는 취재부로 옮기게 되었다. 하지만 사람을 좋아하고 감정이 풍부한 오프라의 성품은 기자가 되어서도 문제가 되었다. 시청자에게 올바른 뉴스를 전달하려면 기자는 어떤 상황에서도 객관적인 태도를 보이는 게 중요하며 결코 자신의

감정을 드러내선 안 된다. 기자가 객관적인 태도를 유지하지 못하면 뉴스의 공정성공평하고 올바름이 떨어질 위험이 있기 때문이다.

예를 들어 사고로 가족을 잃은 사람을 인터뷰할 때 기자는 최대한 자신의 감정을 드러내지 말아야 한다. 시청자가 알고 싶어 하는 것은 비극적인 사고가 일어난 원인이나 과정 등 사실적 정보다. 기자는 다만 사건, 사고의 현장이 주는 교훈을 시청자에게 충실히 전달하는 의무만 있을 뿐이다.

이런 면에서 오프라는 기자와 어울리지 않는 성품인지도 모른다. 간혹 끔찍한 사고 현장을 취재하다 보면 자기가 기자라는 사실을 잊어버릴 때가 있었다. 그럴 땐 슬픔에 잠긴 유족 곁에서 차마 말을 잇지 못한 채 눈물을 흘리곤 했다.

살아 있는 사건 현장의 모습을 전달하기 위해 취재할 사람에게 질문하고 대답을 이끌어 내야 할 기자가 자기감정을 주체하지 못하고 그토록 약한 모습을 보이는 건 치명적인 결함이었다. 당연히 윗사람들의 따끔한 질책이 뒤따랐다.

그렇지만 오프라는 불행한 일을 당한 사람들에게 오로지 직업 정신 때문에 마이크를 들이댈 수는 없었다. 갑작스런 충격과 슬픔으로 넋이 나간 사람들에게 심정이 어떤지 묻는 것보다 더 중요한 것은, 먼저 그들의 아픔을 이해하고 슬픔을 다독거려 주는 일이라 여겼기 때문이다.

이런 생각을 바꾸지 않는 한 뉴스를 진행하기는 어려웠다. 결국 오프라는 뉴스 진행에서 밀려나고 말았다. 승승장구_{싸움에 이긴 형세를 타고 계속 몰아침}할 것처럼 보이던 방송 활동에 첫 고비가 닥친 것이다.

'하늘을 훨훨 날던 새가 날개를 잃어버린 심정이 이런 것일까……?'

한동안 오프라는 자기 앞에 닥친 현실을 받아들이기 어려웠다.

'방송의 중심에서 관심을 받다가 하루아침에 모습을 감춘 나를 사람들은 뭐라고 할까?'

'정말 나에게 앵커라는 직업이 맞지 않는 걸까?'

온갖 복잡한 생각들이 얽히고설켜 머릿속을 어지럽혔다. 아버지와 젤마 아줌마의 근심에 찬 표정과 자신을 아껴 주던 선생님들의 실망스런 얼굴이 차례로 떠올랐다. 평소 오프라를 질투하던 친구들은 처음부터 이렇게 될 줄 알았다며 비웃을 게 뻔했다.

한편으로는 차라리 모든 걸 포기하고 싶은 마음이 들기도 했다.

'그런데 방송을 그만두면 뭘 할 수 있지?'

'대학교 졸업까지 포기하고 선택한 직업이 아닌가!'

하루에도 몇 번씩 생각이 바뀌었다. 어떤 날은 모든 것이 귀찮아서 눈에 보이는 대로 음식을 먹고 온종일 침대에 누워 지내기만 했다. 그러는 동안 자기도 모르게 폭식하는 습관이 들었다.

여전히 방송국에 출근하면 웃는 얼굴로 사람들을 대하곤 했지만 친하게 지내던 동료마저 무시하는 느낌이 들 때면 온몸의 맥이 탁 풀렸다. 그렇게 힘든 상황에서도 분명한 건 자신이 방송 일을 정말 사랑한다는 사실이었다.

누가 뭐래도 방송은 결코 포기할 수 없는 오프라의 천직_{타고난 직업}이었다. 좋아서 선택한 일이니 책임을 지는 것도 온전히 자신의 몫이었다. 힘들다고 포기하는 건 전문가답지 못한 행동이었다. 오프라는 방송에서만큼은 철저한 전문가가 되고 싶었다.

과연 오프라는 이 위기를 어떻게 이겨 냈을까?

오프라 윈프리의 성공 습관 6

새로운 도전을 겁내지 않기

오프라는 방송국 앵커 시험에 용기 있게 도전해 최연소 흑인 여성 앵커가 되었어요. 모두가 불가능하다고 생각한 시험에 여성 앵커로 합격해 방송국에 당당히 입사한 일은 훗날 세계적인 토크 쇼 진행자로 성장할 수 있는 밑거름이 되었지요.

방송인의 꿈을 키우던 오프라는 꿈을 이룰 기회가 찾아올 때마다 망설이지 않고 도전했어요. 물론 꿈에 한 발짝 다가서는 과정은 쉽지 않았지만 기회를 놓치지 않고 당당하게 일어서 주위 사람들을 놀라게 했지요.

어린이 여러분도 지금 자신의 꿈을 찾는 노력을 열심히 하면 언젠가 꿈을 이룰 기회는 분명히 올 거예요.

마음으로 귀 기울이기

나쁜 일이 바뀌어 좋은 일을 가져다줄 때 사람들은 흔히 '전화위복'이란 말을 쓴다. 오프라의 경우가 그랬다.

WJZ 텔레비전 방송국에서 오프라에게 맡긴 프로그램은 새로운 아침 프로그램인 《피플 아 토킹 사람들이 말한다》 토크 쇼의 공동 진행자였다.

"흑인에다가 나이도 어린 게 앵커라고 설치더니 꼴좋다!"

"흥! 저러다 결국 잘리는 거 아니겠어?"

오프라를 별로 좋아하지 않던 동료들은 이제 방송국에서

쫓겨날 일만 남았다고 수군거렸다. 저녁 뉴스 앵커가 아침 방송 진행자가 됐다는 건, 한창 잘나가던 주연 배우가 어느 날 갑자기 조연으로 전락해 버린 것과 비슷한 경우였다.

더구나 어느 정도 시청률이 보장된 기존 프로그램도 아닌 이제 막 세상에 첫선을 보이게 되는 프로그램 진행자로 나선다는 건 여간 부담스러운 일이 아니다. 반응이 좋으면 역전의 기회가 될 수 있지만 반대의 경우 프로그램 자체가 없어지기도 한다. 이럴 때 제일 먼저 비난을 받는 사람은 진행자였다. 진행자는 그 프로그램을 대표하는 얼굴이기 때문이다.

'두고 봐. 내가 누구보다도 잘할 수 있다는 걸 보여 주고 말겠어!'

새 프로그램의 첫 방송을 앞두고 오프라는 마음을 단단히 먹었다. 이번에야말로 자신의 실력을 보여 줄 중요한 기회였.

첫 방송은 무엇보다 중요했다. 그래서 진행자들에겐 이 시간이 가장 떨리고 긴장되는 순간이다. 진행이 매끄럽지 않으면 모든 게 어긋나기 때문이다.

"오프라, 우리의 경쟁 상대는 《필 도나휴 쇼》야. 정신 똑바로 차리고 열심히 해야 해. 알았지?"

담당 프로듀서_{방송을 제작, 연출하는 사람}는 카메라가 돌아가기 전까지 오프라에게 단단히 주의를 주었다. 사실 앵커로선 부족한 점이 있다고 해도 오프라에게 훌륭한 방송인으로서의 끼가 흐르고 있다는 것만은 방송국 사람들도 인정하고 있었다. 오프라가 《피플 아 토킹》의 진행자로 뽑힌 것도 바로 그런 이유에서였다.

《필 도나휴 쇼》는 당시 미국에서 최고의 인기를 누리던 토크 쇼 프로그램이었다. 진행자인 필 도나휴의 이름을 붙인 프로그램으로, 미리 준비한 대본 대로 진행자와 출연자가 자리에 앉아서 이야기를 주고받던 기존의 딱딱한 토크 쇼와는 차원이 달랐다.

이 프로그램의 가장 큰 특징은 방송 도중 간간이 웃음을 터뜨리거나 박수만 보내던 방청객을 적극적으로 방송에 끌어들인다는 점이었다. 필 도나휴는 출연자와 대화하는 틈틈이 방청객과도 직접 이야기를 나누며 현장감이 풍부한 토크 쇼로 이끌어 갔다.

WJZ 텔레비전 방송국에서 새 토크 쇼를 준비하면서 경쟁 상대로 겨냥한 프로그램이 바로 《필 도나휴 쇼》였다.

그들이 오프라를 《피플 아 토킹》의 진행자로 뽑은 이유는 그녀의 남다른 성품 때문이었다. 토크 쇼에서 가장 중요한 것은 진행자의 역할이다.

필 도나휴에게 단박에 청중을 사로잡는 능력이 있다면 오프라에겐 여성 특유의 섬세함과 항상 남을 먼저 배려하는 따뜻한 마음씨가 있었다. 진행자가 분위기를 편안하고 자연스럽게 이끌지 못하면 아무리 풍부한 이야깃거리를 가지고 나온 출연자라 해도 말문을 닫아 버릴 수가 있다. 그런 면에서 오프라의 꾸밈없는 성품은 토크 쇼에 장점이 될 수 있다고 판단한 것이다.

결과는 기대 이상이었다. 《피플 아 토킹》은 화제의 인물을 초대하여 토크 쇼 형식으로 진행되는 시사 프로그램이었

다. 오프라는 너무 전문적인 내용이라 알아듣기 어려운 부분은 좀 더 쉽게 이해할 수 있도록 질문해서 시청자의 궁금증을 풀어 주고, 출연자들의 이야기 중에서도 재미있는 부분은 더 재미있게, 감동적인 내용은 더 큰 감동으로 다가갈 수 있도록 프로그램을 이끌어 갔다.

훌륭한 진행자는 시청자와 출연자의 중간 역할을 충실히 하는 사람이다. 방송을 본 사람들은 마치 자기 집 거실로 녹화장을 옮긴 듯 출연자와 조곤조곤 이야기하는 오프라의 매력에 흠뻑 빠져들었다. 시청자들뿐만이 아니었다.

"방송에 나가도 이것만은 절대로 얘기하지 말아야겠다고 생각했던 말도 오프라와 얘기를 나누다 보면 다 털어놓게 된다니까. 하하."

기자들 사이에선 까다롭기로 소문난 사람들도 《피플 아 토킹》에 출연하면 생각지도 못했던 말을 술술 쏟아 내게 된다며 혀를 내둘렀다. 반응이 점점 뜨거워지자 앵커로서의 자질을 문제 삼아 오프라를 해고시켜야 한다고 주장했던 방송국

간부들도 놀라지 않을 수 없었다.

"오프라가 누군데 방송을 저렇게 잘해?"

오프라를 잘 모르던 사람들도 방송을 보고 난 후엔 그녀를 다시 보게 되었다. 이처럼 오프라의 진행 솜씨가 돋보이는 이유 중 하나는 여느 진행자들과는 다른 그녀만의 진솔한 소통 방식이었다.

방송 출연에 익숙하지 않은 사람들은 너무 긴장한 나머지 할 말을 잃어버리거나 순간적으로 당황해서 돌발적인 행동을 할 때가 있다. 특히 출연자가 말하기 곤란한 이야기를 꺼내야 할 때 막상 카메라 앞에 서면 수치심 때문에 말을 못하는 경우가 흔하다.

이럴 때 오프라는 절대 출연자의 대답을 재촉하는 모습을 보이지 않았다. 사람들은 대개 크건 작건 아무에게나 말하고 싶지 않은 비밀 한두 가지는 있기 마련이다. 오프라는 그들이 말 못하는 건 솔직하지 못해서가 아니라 용기가 없어서라는 걸 누구보다 잘 알고 있었다. 자신 또한 그런 상처를 안고 살

아왔기 때문이다.

'가족한테도 차마 꺼내지 못했던 부끄러운 얘기를 방송에서 떠벌린다면 사람들이 날 얼마나 이상하게 생각할까?'

오프라 또한 그들과 같은 두려움을 갖고 있었다. 그런데 신기하게도 비슷한 처지인 사람들과 이야기를 나누다 보면 마음속에 꽁꽁 숨겨 두었던 말들이 자신도 모르게 흘러나오는 것이었다.

진실은 어디서나 통하기 마련이다. 사람들은 자신의 부끄러운 이야기까지 털어놓으며 상대방의 아픔에 깊이 공감하는 오프라의 모습에 감동할 수밖에 없었다.

"우리가 이겼어! 벌써 《필 도나휴 쇼》를 앞지르고 있다고!"

첫 방송이 시작된 지 얼마 안 되어 기쁜 소식이 들려왔다. 볼티모어 시청자들이 《필 도나휴 쇼》보다 《피플 아 토킹》에 더 많은 관심을 기울이게 된 것이다.

"오프라, 당신은 정말 대단해요. 오늘 방송도 정말 좋았어요!"

거리에 나가면 오프라는 어느덧 유명 인사가 되어 있었다. 사람들은 오프라를 텔레비전이라는 사각의 틀 안에서만 볼 수 있는 방송인이라기보다는 바로 옆집에 사는 이웃이나 친구처럼 편안하게 느꼈다.

시청률이 점점 올라가자 방송을 통해 오프라가 할 수 있는 일도 많아졌다. 프로그램의 방향을 결정하는 일에서부터 출연자를 누구로 할 것인지 등 오프라의 의견이 중요하게 받아들여졌다. 열심히 일하는 동안 함께 일한 동료와 끈끈한 정도 많이 들었다.

그러나 미국이라는 거대한 나라에서 볼티모어는 한 지역에 불과했다. 오프라는 꿈을 향해 좀 더 높이, 좀 더 멀리 날고 싶었다.

오프라 윈프리의 성공 습관 7

다른 사람의 입장에 서서 생각하기

오프라는 평소 남을 먼저 생각하고 배려하는 생활 태도가 몸에 배어 있었어요. 이런 마음가짐은 자기를 싫어하는 친구들도 좋아하게 만드는 오프라의 가장 큰 매력이었지요.

자신을 먼저 생각하기보다 다른 사람의 처지에서 생각하는 자세는 어떤 꿈을 가지고 있더라도 중요한 점이에요. 이 세상은 혼자가 아닌 많은 사람과 함께 어우러져 살아가는 곳이에요. 주위를 천천히 둘러보며 다른 사람의 꿈도 생각하고 배려하는 열린 마음이 필요해요.

어린이 여러분도 다른 사람의 입장에 서서 귀를 기울이고 먼저 마음을 열고 다가간 오프라처럼 친구들과 함께 꿈을 나눠 보세요.

기회는 스스로 만드는 것

"당신과 함께라면 프로그램을 살릴 수 있다는 확신이 생겨요. 오프라, 시카고로 와서 우리와 같이 일하지 않을래요?"

오프라가 볼티모어로 온 지 6년이 흘렀다. 어느 날, 열심히 일하고 있던 오프라에게 《에이엠 시카고》의 총괄 프로듀서인 데브라 디마이오로부터 진행 제의가 들어왔다. 디마이오는 오프라와 《피플 아 토킹》에서 같이 일했던 프로듀서이기도 했다.

이번에도 상대는 필 도나휴였다. 《에이엠 시카고》는 당시 미국 전역을 휩쓸던 《필 도나휴 쇼》에 밀려 시카고 주민들에게조차 외면당하던 프로그램이었다. 디마이오는 프로그램이 폐지되느냐 마느냐 하는 중대한 시점에서 오프라에게 구원의 손길을 내밀었던 것이다.

'방송인으로 성공하려면 더 큰 세상으로 나아가 새로운 경험을 쌓는 것만큼 좋은 기회는 없어. 하지만 이런 때일수록 신중하게 생각하고 행동해야 해. 모험도 좋지만 자칫하면 모든 걸 잃고 사람들의 웃음거리가 될 수도 있어.'

갑작스러운 제안에 오프라는 갈등에 휩싸였다. 시카고는 미국에서 두 번째로 큰 도시다. 오프라에겐 큰 무대로 진출할 수 있는 더없이 좋은 기회임이 분명했다.

한편으론 두려운 마음이 앞서기도 했다. 시카고는 모든 면에서 볼티모어와는 비교도 안 될 정도로 발전한 도시인 만큼 시청자의 수준도 까다로울 터였다. 게다가 그곳은 백인의 도시라고 해도 지나치지 않을 정도로 인종 차별이 심하고 흑인의 활동이 적었다.

만일 오프라가 시카고로 간다면 그야말로 혹독한 전쟁을 치러야 했다.

이 무렵 《에이엠 시카고》는 시청률이 갈수록 낮아지자 진행자까지 사표를 내고 그만두는 바람에 프로그램 자체가 공중에 뜬 상태나 다름없었다. 그들은 오프라가 단독 진행으로 거의 문 닫을 지경에 있는 프로그램을 살려주길 바랐다.

진행자가 바뀐다 해도 시청자들의 반응이 좋아지란 법은 없었다. 더구나 상대는 토크 쇼의 황제로 통하는 온 국민의 스타 필 도나휴였다.

어느 쪽으로 보나 오프라가 불리한 상황이었다. 오프라는 필 도나휴에 비해 방송 경력이 훨씬 짧은 데다가 시카고 사람들에게는 신인이나 마찬가지였다.

"오프라가 이제 겨우 방송이 뭔지 알게 된 애송이라면 도나휴는 온갖 고생과 어려움을 겪고 그 자리까지 올라간 프로 선수나 마찬가지야. 그런데 둘이 경쟁한다는 게 말이나 돼?"

"뛰어 봤자 우물 안 개구리 신세란 걸 모르고 큰코다치는 거지, 뭐."

　사람들은 보나 마나 이 싸움은 오프라의 참패로 끝날 것이라며 코웃음을 쳤다. 한편에서는 오프라가 안정된 직장을 버리고 위험한 선택을 하는 것에 대해 걱정하는 동료도 있었다. 그중 한 동료는 이런 말을 했다.

　"오프라, 넌 볼티모어에선 모르는 사람이 없을 만큼 유명한 스타가 되었어. 그렇지만 시카고에선 아무도 널 알아주지 않아. 아마 시카고 사람들은 새로 온 진행자가 얼마나 훌륭한 방송인인가, 라는 것보다 얼마나 예쁘고 날씬한지만 가지고 평가하려 들 거야."

　사람들은 대부분 금발의 날씬한 미녀를 좋아한다. 그런데 오프라는 검은 피부에 곱슬머리, 그나마 대학교 다닐 때만 해도 조금 통통한 정도였던 몸매는 방송국 생활을 하면서 눈에 띄게 뚱뚱해진 상태였다. 앵커 시절 자질 논란에 시달리면서 쌓인 스트레스를 폭식으로 풀어 버리곤 했던 습관이 남아 있던 탓이었다.

사실 대중의 사랑을 먹고살아야 할 방송인으로서 외모만으로 보자면 오프라는 별로 내세울 게 없었다. 하지만 시카고 진출에 대해 부정적으로 평가하는 사람이 많을수록 오프라에겐 오기가 생겼다.

"도나휴를 상대로 시카고에서 이길 수 있는 사람은 아무도 없어. 그가 버티고 있는 한 누구도 성공할 방법이 없단 말이야. 보나 마나 실패할 게 뻔한 길을 굳이 가야겠어?"

오프라의 마음이 흔들리고 있는 것을 눈치챈 방송국 동료가 하루는 이런 말을 했다. 그런데 이 말이 오히려 오프라의 승부 근성을 자극하는 힘이 되었다.

"보나 마나 실패할 게 뻔하다고요? 그래요. 난 실패할지도 몰라요. 이제부터 내가 어떤 지뢰밭으로 걸어가게 될지는 아무도 모르죠. 하지만 그들이 날 외면하지 않는 한 나는 계속 앞으로 갈 거고 지금보다는 나아진 모습을 보여 줄 거예요."

오프라는 미련없이 사표를 던졌다.

볼티모어에서도 처음부터 모든 게 기대했던 것만큼 잘 이루어진 건 아니었다. 그곳에서도 오프라의 재능을 의심하는 사람들이 있었고 외모를 문제 삼아 상처 주는 말을 하기도 했다. 심지어 아무 이유 없이 미워하는 사람들까지 있었지만 오프라는 묵묵히 자기 길을 걸어왔다.

적어도 사람들의 섣부른 선입관에 운명을 걸고 싶진 않았다. 시카고에 가면 볼티모어에서보다 더 힘들고 어려운 일을 겪게 될지도 몰랐다. 하지만 직접 해 보지도 않고 겁부터 먹는 건 더욱더 내키지 않았다.

'겉으로 보이는 모습만이 전부가 아니란 걸 보여 주겠어!'

1984년 1월 2일, 서른 살이 된 오프라는 마침내 6년 동안 정들었던 《피플 아 토킹》을 떠나 《에이엠 시카고》의 첫 방송을 시작했다. 그리고 자신의 재능과 가능성을 무시했던 사람들에게 보란 듯이 자신감 넘치는 모습으로 방송을 진행했다.

방송 진행자로서 오프라의 가장 큰 장점은 누구와 대화를 하더라도 상대방이 쉽게 마음을 열 수 있도록 이야기를 편안

하게 이끌어 가는 능력이었다. 이것을 위해서는 나름대로 많은 노력이 필요했다. 그날그날 토크 쇼 주제와 관련된 공부는 물론 출연자의 성품이나 개인 정보에 관한 것까지 훤히 꿰뚫고 있지 않으면 매끄러운 방송 진행이 어렵기 때문이다.

오프라의 노력으로 《에이엠 시카고》는 시청자와 출연자

모두를 즐겁게 해 주는 프로그램으로 인기를 끌었다. 출연자들의 개성도 다양했다. 당시 여성 앵커로서 최고의 인기를 누리던 바바라 월터스를 비롯하여 스티비 원더, 폴 매카트니, 골디 혼, 셜리 맥클레인 등 쟁쟁한 스타들이 프로그램에 출연하여 다른 방송에서는 볼 수 없는 진솔한 모습을 보여 주었다.

오프라 특유의 친화력 있는 진행 솜씨는 단박에 시카고 주민들을 매료시켰다. 《에이엠 시카고》는 방송 시작 후 4주 만에 같은 시간대 시청률 1위를 차지하며 방송가에 돌풍을 일으켰고 오프라는 그해 연말 《타임》지가 뽑은 미디어 스타 부문 화제의 인물에 선정되었다. 오프라는 많은 사람이 도저히 넘기 어려운 벽이라고 여겼던 《필 도나휴 쇼》를 시청률 경쟁에서 이기고 당당하게 시카고 진출에 성공한 것이다.

오프라 윈프리의 성공 습관 8 ||||||||||||||||||||||||||||||||

무슨 일을 하기 전에 철저히 준비하기

오프라는 자신의 프로그램에 출연하는 모든 사람의 눈높이에 맞는 이야깃거리를 풀어 내기 위해 항상 노력했어요. 그 때문에 여러 가지 전문적인 지식을 쌓기 위한 공부도 게을리하지 않았지요. 이렇듯 철저한 준비 정신은 버락 오바마 미국 대통령과 프로 복싱 전 세계 챔피언 마이크 타이슨 등 거물급과의 만남을 성사시켜 오프라의 명성을 더욱 빛나게 했답니다.

사실 철저한 준비와 노력으로 좋은 결과를 얻는 것은 당연한 일이지만 이것을 행동으로 옮기는 것은 어려워요. 목표가 있어도 준비와 노력하는 자세가 없다면 계속 계획만 세우다 시간만 낭비할 거예요. 여러분도 목표를 세웠다면 오프라처럼 철저하게 준비하고 노력해 보세요. 분명히 여러분 곁에 멋진 미래가 기다리고 있을 거예요.

솔직하고 당당하게 네 마음을 보여 줘

"방송에서 오프라가 구두 벗어 던지는 것 봤어?"

"당연하지. 오프라가 나오는 프로그램인데 안 봤을 리가 있어? 그나저나 오프라는 어쩌면 그렇게 솔직하고 당당할 수가 있지? 솔직히 난 방송을 보면서도 조마조마하더라고."

"난 부럽기만 하던걸? 진행자라고 무게 잡고 앉아서 괜히 점잖은 척이나 하는 사람들만 보다가 그렇게 솔직한 모습을 보니까 속이 다 후련하기도 하고 말이야."

시카고에선 사람들이 두세 명만 모여도 오프라 얘기를 할 정도로 프로그램의 인기는 나날이 올라갔다. 그중 사람들의 입에 제일 많이 오르내렸던 화제가 '오프라의 구두 사건'이다.

토크 쇼가 한창 진행되던 어느 날, 그날따라 오프라는 너무 피곤한 나머지 굽 높은 구두를 신은 채로 방송을 진행하기가 너무 힘들었다.

'조금만 참아, 오프라. 시청자들이 보고 있잖아.'

'그렇지만 발이 너무 아파서 이대로 가다간 방송을 망쳐 버리고 말 거야.'

'사람들에게 예쁘게 보이고 싶어서 신은 구두 때문에 토크 쇼를 망쳐 버린다면 그보다 더 끔찍한 일이 어디 있어!'

아픔을 참아 가며 카메라 앞에 서 있는 오프라의 머릿속으로 온갖 갈등이 스쳤다. 냉정하게 따지고 보면 굽 높은 구두는 멋 내기 위해 필요한 도구일 뿐, 멋 내기보다 중요한 건 방송을 무사히 마치는 일이었다.

마침내 오프라는 구두를 벗어 던지며 카메라를 향해 이렇게 말했다.

"어지간하면 참아 보려고 했는데 구두 때문에 죽을 것만 같아요! 살다 보면 가끔 이럴 때가 있지 않나요? 정말 하기 싫은 일에 억지로 매달려 있다가 지금 이 구두처럼 확 벗어 던지고 싶을 때 말이에요. 여러분도 가끔은 이 방법을 써 보세요. 물론 이런 일이 자주 일어나면 안 되겠지만요!"

그러자 오프라의 갑작스러운 행동에 의아해 하던 방청객들이 '와' 하고 탄성을 지르며 박수를 보냈다. 진행자가 방송 중에 구두를 벗어 던지는 건 시청자들에게 예의 없고 건방진 행동으로 보일 수 있는 위험한 일이었다. 그러나 이 일이 있고 난 후 《에이엠 시카고》는 오히려 더 많은 인기를 끌었다. 오프라의 솔직하고 당당한 모습에 시청자들이 더 많은 점수를 준 것이다.

오프라의 인기가 날로 치솟자 방송국에선 아예 프로그램 이름을 《오프라 윈프리 쇼》로 바꾸기로 했다.

"오프라, 당신이 이 프로그램의 주인이니까 모든 걸 책임지고 운영해 봐요."

방송국 간부 회의 결과를 알려 주며 담당 국장이 말했다. 방송국에선 그에 대한 대가로 파격적인 연봉과 대우를 약속했다. 처음에 오프라는 그 말을 믿을 수 없었다.

'세상에! 내 이름을 단 방송을 하게 되다니!'

기뻐서 꿈만 같았지만 한편으로는 과연 잘 해낼 수 있을까, 하는 두려움도 있었다.

"오프라, 당신 뒤에는 이미 수백만 명의 팬들이 있어요. 그런데 뭐가 걱정이에요?"

국장은 '오프라 윈프리'라는 이름만으로도 프로그램은 성공한 것이나 마찬가지라고 말했다. 이 무렵 《뉴스위크》지, 《타임》지 등 미국의 주요 신문은 오프라를 '토크 쇼의 여왕'이라 부르며 그녀가 진행하는 프로그램에 대해 찬사를 아끼지 않았다. 국장의 말대로 그녀의 이름은 수백만 명의 시청자에게 좋은 이미지로 자리 잡고 있어 어떤 프로그램을 맡더라도 시청률 걱정은 하지 않아도 되는 상황이었다.

"우린 당신 혼자서도 방송을 훌륭하게 이끌어갈 수 있을

것이라 믿어요."

"그럼 어떤 내용이든 내 생각대로 프로그램을 운영해도 된다는 건가요?"

"그래요. 우린 출연자를 누구로 할 것인지, 또 어떤 방식으로 프로그램을 만들면 좋을지도 오프라의 의견을 최대한 존중할 거예요. 특별한 경우가 아니면 어떤 간섭도 하지 않을 테니까 당신이 원하는 대로 한번 잘 꾸며 보도록 해요. 이건 '오프라 윈프리', 당신의 이름을 걸고 진행하는 프로그램이니까요."

국장의 격려는 오프라에게 큰 용기가 되었다.

'《오프라 윈프리 쇼》라니!'

상상만으로도 가슴이 벅차올랐다. 그리고 마침내 《오프라 윈프리 쇼》가 첫 방송을 시작하게 되었다. 자신의 이름을 단 프로그램을 꾸려 가게 되면서 오프라의 인기는 날로 치솟았다. 《오프라 윈프리 쇼》는 해마다 미국에서 방영되는 텔레비전 프로그램 가운데 가장 뛰어난 작품과 사람에게만 주는 에미상의 단골 수상자 명단에 오를 정도로 전 국민의 사랑을 받았다.

　오프라는 이 벅찬 행운이 혼자만의 노력으로 이루어진 것이 아니라고 생각했다. 방송을 통해 돈도 많이 벌었고 많은 사람이 알아주는 유명 인사가 되었다. 자신을 아끼고 사랑해 준 팬들에게 보답하기 위해서 뭔가 뜻있는 일을 하고 싶었다.

　시카고는 겉보기엔 화려한 대도시였지만 한쪽에는 다른 곳과 마찬가지로 가난한 사람들이 살고 있었다. 한창 미래의 꿈을 키워야 할 청소년들에겐 가난이 넘기 어려운 현실의 벽이 될 수도 있다는 사실을 오프라는 너무나 잘 알고 있었다. 자신이 바로 그런 환경에서 자라왔기 때문이다.

　밀워키에서의 악몽 같은 날들이 떠올랐다. 만약 그때 어머니가 조금이라도 신경을 써 주었다면 어린 나이에 그런 끔찍한 일은 겪지 않았을 것이다. 하지만 어머니는 늘 먹고사는 일에 바빠 오프라에게 관심 둘 만한 시간도, 여유도 없었다.

　'속마음을 터놓고 얘기할 언니라도 있었다면 내가 그렇게 방황하진 않았을 텐데…….'

돌아보면 그저 모든 게 힘들고 절망적이었던 사춘기 시절, 그중에서도 가장 견디기 어려웠던 건, 자신을 도와줄 사람이 없었다는 사실이다.

가족이 아니어도 상관없었다. 무엇이 옳고 그른지 마음잡지 못하고 방황할 때 누구든 진심으로 자신에게 관심을 주는 사람이 곁에 있었다면 오프라도 건강한 사춘기를 보낼 수 있었을 것이다.

모든 걸 포기하고 싶을 때 '힘들어도 넌 해낼 수 있어!'라고 용기를 주는 따뜻한 말 한마디, 해선 안 될 행동을 하려고 할 때 '안 돼!'라고 따끔하게 타이르는 어른들의 진심 어린 관심이 사춘기 소녀에게 얼마나 절실한지 오프라는 아주 잘 알고 있었다.

오프라는 오랜 고민 끝에 자신이 해야 할 일이 무엇인지 깨달았다. 그것은 자신처럼 가난한 집안 환경 때문에 부모의 보살핌을 받지 못하는 10대 소녀들에게 조언자 역할을 해 주는 일이었다.

"하루하루 먹고사는 일에 바쁜 부모님은 아이들을 돌봐주고 싶어도 그럴 시간이 없어요. 부모님의 관심에서 벗어난 아이들이 거리를 방황하게 되면 온갖 나쁜 유혹에 휘말리게 되죠. 특히 사춘기 소녀들은 그런 유혹에 약해질 수밖에 없어요. 우린 같은 여자니까 뭔가 도움을 줄 수 있지 않을까요?"

"정말 좋은 생각이네요! 그 아이들이 희망을 잃지 않고 열심히 공부해서 훌륭한 사회인으로 성장할 수 있도록 우리가 할 수 있는 일을 찾아보기로 해요."

오프라의 얘길 들은 방송국 여성 동료 몇몇이 적극 찬성하며 뜻을 같이하기로 했다. 이렇게 해서 시카고에 사는 스물네 명의 가난한 10대 소녀들을 돕기 위한 자선 모임이 탄생했다.

오프라 윈프리의 성공 습관 9

언제나 솔직하고 당당하기

　오프라의 가식적이지 않고 자신감 넘치는 모습은 《오프라 윈프리 쇼》를 시청하는 사람들에게 강한 인상을 심어 주었어요. 이 솔직함과 당당함은 오프라가 시청률 경쟁에서 승리하고 대중을 사로잡은 그녀만의 힘이었지요.

　오프라가 처음부터 솔직하고 당당했던 것은 아니에요. 어린 시절 도저히 혼자서는 감당할 수 없을 만큼 큰 상처를 입었고 자신을 도와줄 사람이 없다는 절망에 빠져 방황하던 시간도 있었어요. 하지만 꿈을 찾은 순간, 과거의 아픔을 돌아보며 현재 자신에게 주어진 일들에 감사하고 자신처럼 아픈 기억 때문에 힘들어 하는 사람들을 도우려고 했어요.

　어린이 여러분도 당당하고 솔직한 모습으로 자신이 맡은 일에 온 힘을 다하는 사람이 될 수 있도록 노력해 보세요.

넌 혼자가 아니야

　모임의 이름은 '빅 시스터'였다. 자선 활동에 필요한 모든 비용은 오프라가 책임지기로 했다.
　"이 모임은 단지 돈만 가지고 움직이는 단체가 되면 안 됩니다. 물론 물질적인 도움도 중요합니다. 그렇지만 우리가 정말 신경 써야 할 일은 의논 상대가 없어 혼자서 고민하는 아이들의 좋은 조언자가 돼 주는 거예요."
　오프라는 '빅 시스터' 모임이 소녀들에게 언니나 이모, 고모처럼 어머니의 빈자리를 조금이나마 채워 주는 역할을 할 수 있기를 바랐다.

'빅 시스터'가 후원하는 스물네 명의 소녀들은 나름대로 아픈 상처와 고민을 안고 있었다. 집에 돌아가도 마음을 의지할 상대가 없어 할 일 없이 거리를 떠돌거나 하루하루를 좌절감 속에서 살아가는 아이들이었다.

'빅 시스터' 회원들은 틈나는 대로 아이들과 만나 사회생활을 먼저 시작한 선배로서 많은 조언을 해 주었다. 가끔은 아이들이 좋아하는 콘서트나 영화관에 데려가고 도서관에도 같이 갔다. 어떤 날은 같이 식사하거나 쇼핑을 함께하면서 옷이나 학용품 등 필요한 물건을 사 주기도 했다.

처음엔 아이들이 쉽사리 마음을 열려고 하지 않았다. 상처받은 아이들에게 세상의 모든 어른은 믿을 수 없는 경계의 대상이었다.

"우리는 아이들이 잘못한 일을 야단치거나 벌주려는 사람이 아니란 걸 항상 기억합시다. 아이들에게 필요한 건 지혜롭게 인생을 살아갈 수 있는 용기와 희망을 주는 일이에요."

오프라는 모든 회원에게 가족의 마음으로 아이들을 보살펴 주길 간절히 당부했다. 어린 소녀들은 폭력이나 약물 중독 등 세상의 온갖 범죄에 맞서 스스로 자신을 지킬 만한 힘이 없다. '빅 시스터'는 범죄의 유혹에 빠질 수 있는 어린 소녀들이 나쁜 길로 들어서지 않도록 마음으로 보살펴 주는 수호천사 같은 존재였다.

그러는 동안 차츰 정이 쌓이면서 마음의 문을 꽁꽁 닫아걸고 있던 소녀들의 말문이 열리기 시작했다.

"어느 땐 차라리 내가 태어나지 않는 게 좋았을 거란 생각이 들었어요."

힘들었던 지난날을 떠올리며 눈물을 터뜨리는 아이, 부모님이 원망스러워서 일부러 비뚤어진 행동을 하게 됐다는 아이, 그동안 아무에게도 하지 못했던 마음속 이야기를 털어놓으며 서러움에 복받쳐 우는 아이들을 볼 때마다 오프라도 속으로 눈물을 흘렸다.

'기쁨은 나눌수록 커지고 슬픔은 나눌수록 작아진다'는 말이 있다. 오프라는 아무리 바빠도 '빅 시스터' 모임이 있는 날은 소녀들과 되도록 많은 대화를 나누었다.

그러던 어느 날 한 아이가 물었다.

"어떻게 하면 언니처럼 유명해질 수 있는지 알고 싶어요."

소녀들의 눈이 반짝하고 빛났다. 그 아이들에게 오프라는 닮고 싶은 사람이었다. 오프라는 먼저 공부를 열심히 해야 한다고 말해 주었다.

"공부를 열심히 하면 정말 언니처럼 될 수 있나요?"

"당연하지! 책 속에 너희의 미래가 있다는 걸 잊으면 안 돼."

오프라의 말에 잠시 귀를 쫑긋 세우던 아이들은 금세 표정이 시무룩해졌다. 말하지 않아도 그 표정이 무엇을 말하는지 오프라는 충분히 이해할 수 있었다. 겪어 보지 못한 사람들은 그건 단지 핑계일 뿐이라고 생각할 수도 있지만 한창 공부해야 할 나이의 아이들이 학교에 갈 수 없는 사정은 너무나 많았다.

"고민만으로 해결되는 건 없어. 힘들어도 학교는 가야 해. 그게 아무것도 하지 않고 속상해 하는 것보단 훨씬 낫지 않겠니?"

어느덧 아이들의 눈가엔 눈물이 그렁그렁 맺혔다. 밀워키에 살던 시절 오프라도 혼자서 그렇게 눈물을 흘리곤 했었다. 그리고 이제 어른이 된 오프라는 자기처럼 슬프고 불행한 한때를 보내고 있는 소녀의 눈물을 닦아 주었다.

'아버지와 젤마 아줌마가 없었다면 어땠을까?'

두 분은 오프라의 교육 문제에 있어서만큼은 최대한 노력했다. 만약 어머니와 계속 밀워키에 살았다면 학교에도 다닐 수 없었을지 모른다. 두 분 덕분에 공부를 계속하면서 어린 시절의 끔찍한 상처를 잊을 수 있었다. 그런 점에서 자신은 행운아였다.

학교에 다니지 못했다면 자신이 꿈꿔 왔던 앵커가 될 수도 없고 누군가를 도울 수도 없었을 것이다. 이젠 그 행운을 아이들에게 베풀 차례였다.

"인생은 하얀 도화지 같은 거란다. 너희는 그 도화지에 자기만의 아름다운 그림을 그리는 화가야. 그림은 시작일 뿐이야. 이제부턴 예쁘게 색칠해서 너희가 얼마나 근사한 사람인지 보여 주는 거야!"

어려운 집안 환경 때문에 꿈을 잃은 아이들에게 오프라는 힘들고 아픈 시간은 곧 지나가게 돼 있다고, 나중에 어떤 사람이 될지는 지금의 내가 '어떤 환경'에 있는지가 중요한 게 아니라 '무엇'을 하고 있는지가 중요하다고, 인생은 자기 스스로 만들어가는 거라고 말해 주었다.

"힘들다고 절대 포기하면 안 돼. 평생 지금 이대로의 모습으로밖에 살 수 없다면 너무 슬프지 않겠니? 어떤 불행도 꿈을 가진 사람을 이기진 못하는 거란다. 달라지고 싶으면 무엇보다도 먼저 실력을 쌓아야 해."

오프라의 진심 어린 격려에 아이들의 눈빛에도 다시 생기가 돌았다.

아이들은 이제 혼자가 아니었다. '빅 시스터'와 꾸준한 만남을 통해서 아이들은 미래에 대한 꿈을 키우기 시작했다. 그중에서도 오프라를 가장 기쁘게 하는 건 밖으로만 떠돌던 아이들이 학교 공부에 관심을 보인 것이었다. 처음 만났을 땐 그저 어둡고 불안해 보이던 아이들의 얼굴에 자신감이 살아나는 것을 보고 오프라는 세상 무엇과도 바꿀 수 없는 보람과 행복

을 느꼈다.

그렇게 아이들과 함께하면서 오프라에겐 또 하나의 꿈이 생겼다.

'할 수만 있다면 좀 더 많은 사람에게 희망을 주는 일을 하고 싶어.'

이 결심은 훗날 전 세계 빈곤 계층 여성들과 아동 후원 단체인 '오프라 윈프리 재단'과 '엔젤 네트워크' 사업의 시작이 되었다.

오프라 윈프리의 성공 습관 10 ||||||||||||||||||||||||||||

다른 사람에게 신뢰를 주는 사람 되기

지도자로 성공하려면 자신의 주변 사람들뿐만 아니라 사회적으로도 신뢰를 얻어야 해요. 오프라는 스스로 어려운 이웃들의 친구가 되어 주고 자선과 기부 활동에 앞장서며 대중적 인기뿐만 아니라 사회적으로도 존경 받는 인물이 되었어요.

하지만 자신의 진심을 다른 사람에게 전달하는 일은 쉬운 것이 아니에요. 혹시라도 자신에게 돌아올 이익 때문에 거짓으로 남을 돕는 사람은 결국 거짓이 들통 나 사람들로부터 인정도 받지 못하고 사회생활에 어려움을 겪게 되지요.

어린이 여러분도 자신의 아픔을 이겨 내고 다른 사람을 위해 봉사한 오프라를 보고 다른 사람에게 믿음을 주는 꿈을 키웠으면 해요.

열정, 모든 것을 가능하게 하는 힘

《오프라 윈프리 쇼》는 미국에서 모르는 사람이 없을 정도로 인기를 끌었다. 덩달아 오프라의 출연료도 어마어마하게 올라갔다. 거의 매일 텔레비전은 물론 신문, 잡지, 라디오 등 모든 매체에 이름이 오르내리면서 오프라와 같이 일하길 원하는 사람이 점점 많아졌다.

"사람들은 무조건 오프라를 좋아해. 일단 그녀를 끌어들일 수만 있으면 뭐든 성공하게 돼 있다고 말이야."

모든 매체에서 오프라는 섭외 대상 1순위였다. 대중이 오프라에게 열광하는 건 매사에 당당하고 솔직하며 밝고 긍정적인 모습에 마음이 끌리기 때문이었다. 이것은 억지로 만들어지거나 누가 강요한다고 해서 되는 게 아니다.

모든 매체는 오프라의 성품에서 우러나오는 매력과 무한한 스타성을 주목하고 있었다. 흑인 인권 문제를 다룬 스티븐 스필버그 감독의 영화 〈컬러 퍼플〉에서 음악을 담당한 퀸시 존스도 오프라를 눈여겨본 사람 중 하나였다.

〈컬러 퍼플〉은 같은 제목의 소설을 영화로 만든 작품이다. 영화 음악을 작곡하려면 전체적인 줄거리는 물론 등장인물들의 성품을 잘 이해하고 있어야 한다. 그래야 영화의 내용에 맞는 느낌을 음악으로 전달할 수 있기 때문이다.

어느 날 존스는 오프라의 토크 쇼를 보고 무릎을 탁 쳤다. 그는 오프라의 모습을 보고 소설의 등장인물 가운데 한 명인 '소피아'라는 흑인 여성을 떠올렸다. 소피아는 가난한 흑인 여성이라는 이유만으로 갖은 차별과 학대를 당하면서도 꿋꿋하게 자신을 지켜 내는 강인한 여성이다.

오프라야말로 소피아와 딱 들어맞는 인물이었다. 존스는 곧 스필버그 감독에게 자신의 생각을 전했다. 스필버그 감독도 방송을 보고 소피아 역에는 오프라 만한 사람이 없다고 판단했다.

얼마 후 스필버그 감독으로부터 영화 출연 제의를 받은 오프라는 자신의 귀를 의심할 수밖에 없었다. 오프라 역시 이 소설을 감명 깊게 읽었고 특히 소피아에게 남다른 애정을 느꼈다.

소피아의 삶은 그 당시 미국에 사는 흑인 여성들의 모습을 고스란히 보여 주었다. 오프라는 소피아가 상처 받고 슬퍼하는 모습을 보면서 과거의 자신을 떠올렸다. 그리고 끔찍한 시련을 견뎌 내는 그녀의 모습에 감동했다.

그런데 연기자도 아닌 자신에게, 그것도 소피아 역을 맡아 달라는 제의가 들어온 것이다.

'더는 나 같은 희생자가 나오지 않도록 하기 위해서라도 이 이야기는 좀 더 많은 사람에게 알려져야 해!'

고민하고 말 것도 없었다. 자신이 출연해서 영화가 잘될

수만 있다면 얼마든지 용기를 낼 수 있었다. 오프라는 무조건 영화에 출연하기로 하고 방송 일정을 조정했다.

'적어도 나 때문에 영화가 재미없다는 말은 나오지 않게 할 거야.'

처음 해 보는 연기였지만 오프라는 모든 열정을 영화에 쏟아부었다. 소피아라는 인물을 충실히 표현하기 위해 밥 먹을 때도 잠자리에 누워서도 온통 그녀에 대한 생각뿐이었다.

뉴욕에서 개봉된 〈컬러 퍼플〉은 흑인들의 인권 문제를 넘어서 가정 내의 여성과 아동에 대한 성적 학대 문제를 정면으로 다룬 영화로 총 열한 개 부문의 아카데미상 후보에 올랐다.

이 영화의 조연으로 실감 나는 연기를 한 오프라는 아카데미 최고 여우 조연상 후보와 골든 글로브상 수상의 영광까지 안게 되었다. 골든 글로브상은 전 세계 84개국 언론사를 대표하는 외국인 기자 협회가 주관하는 행사로 연기자들에겐 아카데미상과 더불어 최고의 영예를 뜻하는 상이기도 하다.

〈컬러 퍼플〉에서 개성이 강한 연기로 좋은 평을 받은 오프라는 곧이어 몇 편의 영화와 텔레비전 드라마에도 출연하면서 몸이 열 개라도 모자랄 만큼 바쁜 나날을 보냈다. 그러는 동안 오프라는 연예 사업이 가진 매력에 관심을 갖게 되었다.

"영화나 드라마는 토크 쇼에서 할 수 있는 것보다 훨씬 깊이 있고 폭넓은 주제를 다룰 수 있어요. 그런 면에서 감동적인 문학 작품을 화면으로 옮겨서 좀 더 많은 사람이 공감할 수 있게 하는 것도 의미 있는 작업이라고 생각해요. 내가 직접 드라마 제작사를 운영해 보는 건 어떨까요?"

오프라는 자신의 믿을 만한 친구이자 개인 변호사인 제프리 제이콥스와 이 문제를 상의했다.

"좋은 생각이에요, 오프라. 이번에 아예 《오프라 윈프리 쇼》를 전국적으로 판매할 수 있는 회사를 만들고 영화 제작 사업도 적극적으로 추진해 봅시다!"

제이콥스와 오프라는 곧 힘을 합쳐 차근차근 준비해 나갔다. 제이콥스는 오프라의 토크 쇼를 전국 방송망에 연결하여 수익금을 나눠 받도록 도와서 회사 설립에 필요한 자금을 마

련할 수 있게 했다.

1986년 오프라는 텔레비전 방송 제작 회사인 '하포 프로덕션'을 설립하고 최고 경영자로 취임하였다. 회사를 설립하는 데 많은 도움을 준 제이콥스는 사장으로 임명했다.

1년 후, 오프라는 토크 쇼 판매로 자그마치 1억 2천5백만 달러나 되는 엄청난 수입을 올렸다. 이제 필 도나휴도 경쟁 상대가 될 수 없었다. 《오프라 윈프리 쇼》는 방송계의 아카데미상으로 불리는 에미상의 우수 진행자상, 우수 프로그램상, 감동상 등을 휩쓸며 내용과 흥행 면에서 누구나 인정하는 최고의 프로그램임을 증명하였다.

1988년에는 하포 프로덕션에서 《오프라 윈프리 쇼》의 제작권(물건이나 예술 작품을 만드는 권리)과 소유권을 갖게 되었다. 이로써 오프라는 미국 역사상 최초로 자신의 방송 프로그램을 직접 제작하는 토크 쇼 진행자가 되었다.

오프라 윈프리의 성공 습관 11 ||||||||||||||||||||||||||||||

다른 사람의 의견에 귀 기울이기

　자기 말만 앞세우는 사람은 함께 대화할 상대를 만나기가 무척 어려워요. 오프라는 중요한 일을 결정할 때면 주변 사람들의 이야기를 귀담아듣고 그들의 의견을 존중했어요. 이러한 습관은 '하포 프로덕션' 설립 당시 많은 인재를 불러 모으는 힘이 되었지요.

　《오프라 윈프리 쇼》가 성공할 수 있었던 이유도 오프라의 이런 습관 덕분이었어요. 다른 사람의 말과 의견을 잘 귀담아들었기 때문에 오프라의 진심 어린 방송을 볼 수 있었고 이 모습에 시청자들은 감동했지요.

　지금 자신의 주장만 옳다고 생각하는 어린이가 있다면 이제부터라도 다른 사람의 의견에 귀 기울이는 습관을 들여 보세요.

나눔의 기쁨으로 백만장자가 된 오프라

"이제 곧 사회에 나갈 후배들에겐 당신의 연설이 큰 도움이 될 겁니다."

1987년 5월, 오프라는 테네시 주립 대학교로부터 뜻밖의 연락을 받았다. 졸업생들에게 도움이 될 만한 연설을 해 달라는 내용이었다.

테네시 주립 대학교는 오프라가 볼티모어로 가려고 학업을 포기했던 모교자기가 다니거나 졸업한 학교였다. 비록 방송에 대한 열정 때문에 그만두었지만 학기를 다 마치지 못한 아쉬움

은 늘 마음 한구석을 차지하고 있었다.

오프라는 연설을 수락하는 대신 한 가지 조건을 걸었다.

"늦었지만 이제라도 졸업장을 받을 방법을 알려 주세요."

"다시 학교에 등록해서 졸업 논문만 통과한다면 문제 될 것 없습니다."

학교 측의 흔쾌한 답변에 오프라는 늦었지만 기쁜 마음으로 열심히 공부에 매달렸다. 그 결과 무사히 논문을 통과한 오프라는 테네시 주립 대학교에서 학위를 받은 그해 졸업생들 앞에서 축하 연설을 하게 되었다.

"저는 교육이 인간의 삶에서 얼마나 중요한 역할을 하는지 잘 알고 있습니다. 그런 사실을 깨닫게 해 주신 분이 아버지와 새어머니십니다. 두 분은 저를 잘 가르치려고 최선을 다하셨습니다. 만약 두 분이 아니었다면 저는 훌륭한 교육의 혜택을 받지 못했을 것이고, 이 자리에 서 있지도 못했을 것입니다."

오프라는 자신에게 교육의 중요성과 가치를 알게 해 준 아버지를 기념하는 뜻에서 매년 이 학교에 장학금을 지원하겠다고 덧붙였다. 장내엔 우레와 같은 박수가 터져 나왔고 오프라의 눈에도 눈물이 고였다.

이곳에 오기 전 오프라는 자신이 이전에 살던 곳을 두루 돌아보았다. 어린 시절 추억이 깃든 코스키우스코 마을에도 가 보고 밀워키의 어머니 집에도 갔다. 아쉽게도 외할머니와 살았던 집은 벌써 오래전에 사라졌고 그 대신 '오프라 윈프리 길'이라는 표지판이 세워져 있었다. 마을 사람들이 세계적인 스타가 된 오프라를 자랑스럽게 여겨 도로에 이름을 붙인 것이다.

어머니는 여전히 가난에 찌든 모습으로 늙어 가고 있었다. 무엇보다도 오프라의 마음을 아프게 한 건 아버지가 다른 두 동생, 패트리샤와 제프리의 비참한 삶이었다.

어느새 두 딸의 어머니가 된 패트리샤는 약물 중독으로 아이들을 돌볼 처지도 못 되었다. 오프라는 동생을 요양 시설에 보내고 어린 조카들을 외할머니와 함께 살도록 밀워키의 어머니에게 집과 생활비를 지원했다. 그러나 패트리샤는 얼마 못 가 세상을 떠났고 남동생 제프리마저 에이즈_{후천성 면역 결핍증. 체내의 세포 면역 기능이 떨어져 각종 병에 걸림}로 목숨을 잃었다.

페트리샤와 제프리의 불행한 죽음은 오프라에게 너무나 큰 충격과 슬픔을 안겨 주었다.

외할머니 집에서 어머니 집으로, 그리고 아버지 집으로 옮겨 다니며 사는 동안 오프라는 인생의 고통을 너무 많이 겪었다. 오프라가 두 동생과 다른 삶을 살 수 있게 된 것은 오로지 교육의 혜택을 받았기 때문이다.

패트리샤와 제프리가 좋은 부모님 밑에서 제대로 교육받고 자랐다면 적어도 그렇게 비참한 삶을 살게 되진 않았을 것이다. 가난은 교육의 기회뿐만 아니라 동생들의 미래까지 사라지게 하였다. 약물 중독과 에이즈로 주변 사람들의 손가락질을 받으며 외롭게 죽어간 두 동생의 비극은 결국 한 가정의 문제만이 아니었다.

"지금도 지구상의 수많은 사람이 빈곤한 환경 때문에 가족을 잃어야 하는 고통을 겪고 있습니다. 신은 절대로 인간의 고통을 원하지 않아요. 아이들이 굶주리고 사람들이 고통 속에 신음하는 건 절대 신의 뜻이 아니에요. 그건 바로 우리가 하지 않은 일 때문이에요."

1987년, 오프라는 이제껏 자신이 '하지 않은 일'을 실천에 옮겼다. 늘 마음은 있어도 바쁘다는 이유로, 아직 준비가 덜 되었다는 이유로 미뤄 왔던 오프라의 '하지 않은 일'은 본격적인 자선 활동을 위한 '오프라 윈프리 재단'을 만드는 것이었다.

'오프라 윈프리 재단'은 전 세계 어려운 가정을 나눔과 봉사의 대상으로 정했다.

"가족의 장래를 밝게 하려면 어린이와 여성을 질병과 굶주림으로부터 보호하는 것만큼이나 교육이 중요해요. 올바른 교육의 혜택을 받지 못하면 평생 그들은 좋은 기회를 찾지 못할 수도 있으니까요."

무엇보다 교육을 중요하게 생각하는 오프라의 뜻에 따라 재단은 빈곤 가정 아이들을 위한 사업부터 시작했다. 남아프리카처럼 교육 시설이 열악한 곳에는 학교와 도서관을 지어 주고 책과 학용품을 보내 주었으며 형편이 어려운 학생들에 대한 장학금 지원 사업도 활발하게 펼쳤다.

"오프라 윈프리 재단은 어려운 환경에 처한 학생들에게 용기와 희망을 선물하는 단체입니다. 그들이 현실에 절망하지 않고 건강한 어른으로 성장해서 나중에 훌륭한 부모가 될 수 있도록 진심으로 보살펴 주는 게 우리의 임무입니다."

오프라가 틈날 때마다 재단 동료에게 강조하는 말이었다.

교육에 목마른 학생들에게 오프라는 아낌없이 모든 것을 베푸는 기부 천사였다. 매년 수백만 달러의 장학금이 전국의 다양한 교육 기관을 통해 전달되었다. 그중 가난한 흑인 남학생들이 대부분인 한 대학교에는 1천2백만 달러나 되는 장학금을 기부하여 250명의 학생이 무사히 졸업할 수 있도록 도왔다.

"오프라, 당신의 기부는 한계가 없군요. 왜 그렇게 많은 돈을, 또 그렇게 자주 남을 위해 기부하겠다는 생각을 하게 된

거죠?"

어느 날 한 신문 기자가 오프라에게 물었다.

"나는 늘 감사하는 마음으로 살고 있고 덕분에 백만 배쯤 되는 보답을 받았어요. 처음엔 작은 것에 고마움을 표현하는 일부터 시작했죠. 그런데 점점 더 고마워해야 할 것이 많아지면서 자연스럽게 커지더군요. 그만큼 내 마음속에 베풀어야겠다는 결심이 굳어졌기 때문이죠."

오프라의 기부는 이후로도 계속되었다. 2009년 오프라는 여성과 어린이를 위한 교육 프로그램에 무려 456억 달러를 기부하여 세상 사람들을 놀라게 했다. 오프라가 기부한 금액은 미국의 유명인 가운데 최고 액수였다.

날로 치솟는 대중의 인기는 오프라를 미국의 방송 연예 사상 세 번째로 자신의 제작 회사를 가진 여성으로 만들었다. 그리고 그 인기의 배경이 된 것은 자신의 성공이 결코 혼자만의 힘으로 이루어진 것이 아니라고 생각하는 오프라의 겸손한 마음가짐이었다.

오프라는 사업을 하면서 얻게 되는 것들도 가능하면 직원들과 함께 나누려고 노력했다. 어느 해 크리스마스에 '하포 프로덕션' 직원들은 평생 기억에 남을 만한 특별한 선물을 받았다.

"내일까지 여기서 여러분이 원하는 게 있으면 뭐든지 사세요. 금액이 얼마가 나오든 걱정할 것 없어요. 이건 내 선물이니까요."

오프라가 직원들을 데려간 곳은 뉴욕에서도 가장 고급스러운 물건들만 파는 백화점이었다. 처음에 그들은 너무 갑작스러운 일이라 오프라의 말이 무슨 뜻인지 잘 이해하지 못했다.

"여러분은 충분히 내 선물을 받을 자격이 있잖아요. 자, 망설이지 말고 갖고 싶은 걸 사세요!"

오프라는 멍하니 서 있는 직원들에게 이렇게 덧붙였다.

"이제부터 여러분의 물건 고르는 안목을 보겠어요. 기회는 단 한 번뿐이에요. 내 말 무슨 뜻인지 알죠?"

비로소 오프라의 뜻을 알게 된 직원들은 신 나게 쇼핑을 즐겼다. 값비싼 넥타이나 명품 가방, 구두, 액세서리, 아이들

장난감, 시계, 반지 등 직원들은 평소 사고 싶었던 물건을 하나씩 골랐다. 오프라는 아무 말 없이 그들이 가져온 물건의 값을 치렀다.

"오프라, 이건 좀 비싼데 괜찮겠어요?"

그날 물건을 고르지 못한 한 여자 직원은 다음날 혹시나 하는 마음으로 오프라의 표정을 살폈다.

"물론이죠. 그런데 설마 백화점을 통째로 사겠다는 건 아니겠죠?"

"그럴 리가 있나요."

직원이 조심스럽게 내민 건 모피 코트 영수증이었다.

"이건 정말 화끈한 크리스마스 선물이 되겠군요. 좋아요!"

숨죽이며 오프라의 반응을 살피던 직원들 사이에서 탄식이 흘러나왔다.

"뭐야, 모피 코트도 되는 거였어? 그런 줄도 모르고 내가 너무 소박한 선물을 골랐나?"

"역시 오프라 회장님 통 큰 건 알아줘야 해!"

어떤 직원은 단 한 번뿐인 기회를 아깝게 써 버렸다며 후회하는가 하면 어떤 직원은 그 배짱에 혀를 내둘렀다. 그러나 직원 대부분은 오프라가 그만큼 자신들을 인정해 주고 있다는 뜻으로 알고 기분이 으쓱해질 수밖에 없었다.

오프라는 직원들의 노고_{힘들여 수고하고 애씀}가 크다는 걸 알기 때문에 늘 어떤 식으로든 고마움을 표현하려고 애썼다. 직원들도 그런 오프라의 마음에 감동하여 회사 일이라면 무조건 충성심을 발휘했다.

하포 프로덕션은 이처럼 가족 같은 분위기에서 튼실한 기업으로 성장했다.

오프라의 통 큰 선물로 가장 유명한 일화는 2004년 9월 방송국 스튜디오에서 벌어진 일이다. 이날 오프라는 276명의 방청객에게 편지를 한 장씩 써내도록 부탁했다.

편지 제목은 '내 가족, 또는 내 친구들에게 자동차를 선물하고 싶은 이유'였다.

"편지가 당첨된 열두 명의 방청객들에겐 제가 자동차를 선물로 드릴 거예요."

방청객들은 이게 웬 횡재냐며 신이 나서 편지를 쓰기 시작했다. 이윽고 편지를 다 읽어 본 오프라는 열한 명의 당첨자 이름을 차례로 불렀다. 그리고 고급 자동차를 한 대씩 선물로 주었다.

"이제 그 상자를 열어 보면 열두 번째 선물의 주인공이 누군지 알게 될 거예요!"

오프라는 마지막 한 명의 당첨자를 남겨 놓고 방청객들에게 작은 상자를 하나씩 나눠 주었다. 잠시 후 조마조마한 심정으로 뚜껑을 열어본 방청객들 사이에서 환호성이 터져 나왔다. 276명의 방청객 모두의 상자마다 자동차 열쇠가 들어 있었던 것이다.

"세상에!"

"저 비싼 자동차를 모두에게 준다고?"

방청객들은 도무지 믿어지지 않는 듯 어리둥절한 표정을

지었다. 이날 방청객이 받은 자동차의 가격은 모두 합해 7백만 달러, 우리 돈으로 약 76억 원에 해당하는 엄청난 액수였다. 자동차 회사의 협찬이 보태진 깜짝 이벤트였다.

오프라의 깜짝 이벤트는 이후에도 다양한 방법으로 사람들에게 감동을 줬다.

배려와 감사, 그리고 나눔의 정신은 오프라가 인생의 행복을 느끼는 중요한 가치 중의 하나였다. 아울러 그것은 오프라에게 더 큰 보람과 성공을 안겨 주는 최고의 덕목이기도 했다.

미국의 유명한 대학교수도 이런 말을 했다.

"오프라는 자신의 재산을 모든 사람과 나눔으로써 백만장자가 될 수 있었다."

오프라 윈프리의 성공 습관 12 ||||||||||||||||||||||||||||

아낌없이 베풀기

오프라는 주변 사람들에게 아주 작은 일이라도 축하할 일이 생기면 아낌없이 마음의 선물을 베풀곤 했어요. 이런 이유로 사람들은 그녀가 무슨 일을 하든지 자기 일처럼 나서서 도와주는 걸 큰 기쁨으로 여겼지요.

어린 시절 어려운 환경에서 자랐지만 교육의 힘으로 자신의 꿈을 이룰 수 있었다고 믿는 오프라는 자신의 어린 시절보다 더 열악한 환경에서 교육도 받지 못한 채 살아가는 아이들과 가난 때문에 힘든 삶을 사는 여성들을 위해 엄청난 금액을 기부했어요.

물론 돈으로 하는 기부가 중요한 건 아니에요. 자신의 도움이 필요하다고 느낄 때 마음에서 우러나오는 기부가 중요하지요. 어린이 여러분도 아낌없이 베푸는 나무처럼 작은 도움이라도 줄 수 있는 어린이가 되었으면 해요.

결심만으론 부족해, 지금 당장 시작해

"여러분, 이 안에 든 게 뭔지 아세요?"

"저게 뭐지?"

"오프라가 수레를 끌고 나왔어."

스튜디오에 앉아 오프라가 나타나기를 기다리던 방청객들 사이에 한바탕 소란이 일어났다. 오프라가 웬 비닐봉지에 가득 쌓인 물건을 수레에 싣고 나온 것이다.

"고기는 아닌 것 같은데……?"

사람들의 웅성거림 속에서 한 방청객이 눈을 크게 뜬 채로 비닐봉지를 쳐다보다가 징그럽다는 듯 이맛살을 찌푸렸다.

"네, 맞아요. 먹을 수 있는 고기는 아니에요."

오프라가 말했다.

"이건 바로 내 몸에서 나온 비곗덩어리랍니다!"

이어지는 오프라의 말은 방청석을 충격으로 몰아넣었다.

"헉!"

"세상에!"

오프라는 충격으로 벌어진 입을 다물지 못하는 방청객들 앞에서 몸을 한 바퀴 돌아 보였다.

"어때요, 이 녀석들을 빼 버렸더니 뚱뚱했던 제 몸이 한결 가벼워 보이지 않나요?"

"네!"

"멋져요, 오프라!"

"역시 최고예요!"

방청석에서 쉴 새 없이 탄성이 터져 나왔다.

이날 오프라가 스튜디오에 끌고 나온 것은 무려 30킬로그램이 넘는 동물성 지방 덩어리였다. 그리고 이것은 몇 달 전까지만 해도 몸무게가 100킬로그램 이상 나가던 오프라가 철저히 살과의 전쟁을 통해 체중을 줄이는 데 성공했다는 증거물이기도 했다.

"사람들은 늘 이런 말을 하죠. '난 너무 바빠서 운동할 시간이 없어', '뭘 하고 싶어도 애들 때문에 꼼짝을 할 수가 없어', '난 지금 할 일이 많아'라고요. 그런데 이거 아세요? 결국 그건 자기 자신에게 거짓말을 하는 것이나 마찬가지란 사실 말이에요."

그러면서 오프라는 일, 스트레스, 주체할 수 없는 식욕 등 다이어트를 미루면서 핑계 대기 바빴던 자신의 경험을 들려주었다.

"예뻐지고 건강해지려면 살을 빼야 한다는 걸 알기 때문에 난 결심을 수도 없이 했어요. 하지만 무슨 수를 쓰더라도 꼭 살을 빼야겠다는 그 결심을 포기하게 하는 일도 꼭 생기죠. 그러면서 몸은 점점 뚱뚱해지고 자신감을 잃게 되더군요. 어느 땐 누굴 만나는 것도 겁이 나서 문을 꽁꽁 닫아걸고 집에만 있었어요. 그리고 깨달은 게 있죠. 모든 일은 결심만으론 부족하다는 것, 노력해야 한다고 생각하면 지금 당장 시작해야 한다는 걸 말이에요!"

방청객들의 박수 소리로 스튜디오가 떠나갈 듯했다.

이 무렵 《오프라 윈프리 쇼》는 채소 죽이나 수프 같은 유동식_{소화되기 쉽도록 묽게 만든 음식}만 섭취하면서 살을 빼는 프로그램을 방영했다. 오프라는 이 프로그램의 진행자일 뿐만 아니라 시청자의 한 사람이고, 비만으로 고민하는 모든 사람의 대변인이기도 했다.

"아하! 비만이 건강과 노화의 적이라고요? 그럼 이 나쁜 적들을 빨리 내 몸에서 없애 버려야겠군요, 하하!"

오프라에게도 비만은 결심만으로 끝낼 문제가 아니었다. 다이어트 프로그램을 계기로 당장 자신의 무거운 숙제를 실행에 옮긴 오프라는 체중 감량이 잘되면 잘되는 대로, 생각보다 어려우면 어려운 대로 자신의 성공과 실패를 있는 그대로 공개하며 많은 사람의 참여를 이끌어 냈다.

"4개월 동안 식단을 조절해서 날씬해졌다고 좋아했는데 이틀 만에 청바지를 입을 수 없게 되었어요! 방송 직후 기쁜 마음에 음식을 마구 먹어 버린 게 문제였어요. 그리고 난 이번 경험을 통해서 억지로 한다고 다이어트가 되는 게 아니란 걸 알았어요. 체중계 숫자가 줄어드는 것만 보고 안심했던 게 제일 큰 실수였어요."

체중이 다시 불어났을 땐 스트레스와 잘못된 식습관이 다이어트에 실패하는 원인이라는 사실을 밝혀내고 요리책을 출간하기도 했다. 우리 몸을 살찌게 하는 고지방 음식을 먹지 않고도 건강을 유지할 수 있는 저지방 음식 요리법이 담긴 이 책은 오프라가 자신의 개인 요리사와 함께 쓴 책이다.

요리책은 서점에 나오자마자 베스트셀러가 되었다. 오프라는 2년 뒤 다이어트에 좋은 운동 방법을 소개하는 두 번째 책을 준비하면서 그동안 엄두조차 내지 못했던 운동을 시작했다. 말로만 독자들에게 운동해야 한다고 떠들지 않고 자신이 직접 시도하며 그 효과를 보여 주기 위해서였다.

오프라가 선택한 운동은 달리기였다. 평소 운동을 잘하지 않던 사람이, 그것도 100킬로그램이 넘는 뚱뚱한 몸으로 달리기를 운동 삼아 한다는 것은 보통의 의지만으로 되는 일이 아니다. 오프라는 매일 공원으로 나가서 말 그대로 죽을힘을 다

해 뛰고 또 뛰었다. 도저히 한 발자국도 못 움직일 것처럼 숨이 찰 땐 앞사람을 보면서 오로지 정신력으로 뛰었다.

그렇게 한 사람 한 사람 따라잡는 동안 점점 뛰는 속도가 빨라졌다. 그로부터 몇 달 후 기적이 일어났다. 몸무게가 무려 27킬로그램이나 줄어든 것이었다.

"이왕 운동을 시작했으니 마라톤에 도전하고 싶어요!"

달리기에 어느 정도 자신감이 붙자 새로운 의욕이 생겼다. 오프라는 자신의 운동 지도를 맡은 밥 그린에게 마라톤에 참여하겠다고 말했다. 그린은 오프라의 결정에 적극적으로 찬성하며 곧 훈련을 시작했다.

1994년 10월 23일, 오프라는 약 5개월의 혹독한 훈련을 마치고 워싱턴에서 열리는 '해병대 마라톤 대회'에 참가했다. 이날 광장에는 오프라가 마라톤에 도전했다는 소식을 듣고 수많은 취재진과 구경꾼이 몰려들었다.

"오프라, 저기 저 사람 셔츠에 뭐라고 썼는지 보여요?"

"하하하!"

갑자기 사람들이 한 참가자를 가리키며 "와" 하고 웃음을 터뜨렸다. 그 사람의 등에는 이렇게 쓰여 있었다.

'난 오프라보다 빨리 달릴 수 있다!'

오프라는 그 글자를 보고 유쾌하게 웃었다. 누가 빠른지는 경기가 끝나봐야 알 수 있었다. 하지만 어쨌든 빨리 달리기 위해선 적

어도 상대방보다 먼저 포기하는 일은 없어야 했다. 이런 경쟁의식은 서로를 자극하는 힘이 된다는 걸 알기 때문에 오프라는 편안한 마음으로 경기에 임할 수 있었다.

일반인에게 마라톤 대회는 끝까지 완주했다는 사실만으로도 의미가 크다고 할 만큼 힘든 경기다. 이날 오프라는 난생처음 참가한 마라톤 풀코스 42.195킬로미터를 네 시간 삼십 분 만에 완주하여 관중의 뜨거운 환호와 박수갈채를 받았다.

요리책을 쓸 때와 마찬가지로 오프라의 철저한 경험을 바탕으로 한 운동 다이어트 방법을 담은 두 번째 책 역시 출간하자마자 베스트셀러에 올랐다.

한 여성 잡지는 식단 조절과 운동으로 몸무게를 107킬로그램에서 67킬로그램까지 줄이는 데 성공한 오프라의 확 달라진 모습을 표지에 실었다.

"오프라처럼 하면 나도 날씬한 몸매로 바뀔 수 있겠지?"

비만으로 고민하던 사람들은 오프라의 변화된 모습에 용기를 얻었다. 오프라처럼 먹고 오프라처럼 운동하면 자신들도 날씬해질 수 있다는 희망을 품게 된 것이다.

사람들이 희망을 품는 이유는 오프라가 누구보다 솔직하다는 걸 믿기 때문이다. 식단 조절이든 운동이든 오프라는 입으로만 그것이 좋다고 떠들지 않았다. 항상 남에게 무언가를 권하기 전에 자신이 먼저 만들어 보고, 먹어 보고, 직접 땀 흘려 뛰어 본 결과에 대해서만 이야기했다.

그렇다고 무조건 살을 빼야 한다고 강요하지는 않았다. 때로는 자신의 경험을 예로 들며 체중 감량에 대한 지나친 의욕은 독이 될 수 있다고 충고하기도 했다. 오프라 자신도 다이어트 때문에 정신적, 육체적으로 힘들다고 느낄 땐 과감하게 몸무게를 줄이는 일에만 매달리지 않겠다고 선언했다.

오프라의 진솔한 태도는 비밀에 싸여 있던 많은 연예인의 호감을 얻었다. 그들 중 일부는 오프라와 인터뷰를 하면서 대중에게 철저하게 숨겨 왔던 자신의 비밀을 털어놓기도 했다. 여간해선 방송에 출연하지 않기로 유명한 마이클 잭슨이 대표적인 예다.

1993년 마이클 잭슨의 저택에서 이루어진 단독 인터뷰에서 잭슨은 자신이 백반증이라는 질병에 걸렸다는 충격적인 사실을 털어놓았다. 백반증이란 지나친 성형 수술 부작용으로 피부색이 점점 하얗게 변하는 병이다.

90분 동안 진행된 이 방송은 무려 3천6백5십만 명이 시청해 미국 토크 쇼 역사상 가장 높은 시청률을 기록했다. 오프라는 이 자리에서 마이클 잭슨에게 더는 수술하지 말라고 충고하기도 했다.

오프라가 가진 최대의 장점은 결심을 즉시 실행에 옮기고, 방법이 틀렸다는 판단이 섰을 땐 과감하게 다른 길을 찾아가는 진취적이고 긍정적인 생활 태도였다. 사람들이 오프라를 좋아하는 것도 바로 이런 이유 때문이었다.

오프라 윈프리의 성공 습관 13 ||||||||||||||||||||||||||||

정직하게 행동하기

오프라는 자신의 실수를 변명하거나 감추려고 하지 않았어요. 실패한 일에 대해선 깨끗이 인정하고 다른 방법을 찾았지요. 사람들은 이런 점 때문에 그녀가 하는 말이라면 옳다고 믿었어요. 오프라는 언제나 자신의 말에 책임을 지고 행동해야 한다고 생각했어요. 특히 다이어트와 운동에 대해서는 스스로 해 보고 좋은 점을 사람들에게 널리 알리기도 했지요. 만일 오프라가 거짓과 과장된 말로 사람들에게 다이어트와 운동을 권유했다면 사람들은 믿지 않았을 거예요. 자신이 실패한 것과 성공한 것을 솔직하게 말했기 때문에 사람들은 그녀가 하는 말이라면 옳은 것으로 생각했지요.

여러분도 잘못된 자신의 행동을 숨기려 한 적이 있다면 이제부터라도 솔직하게 털어놓고 진실한 마음으로 꿈을 찾아보세요.

세상을 바꾼 오프라

"뭐 읽을 만한 책 없을까?"

"오프라가 무슨 책을 추천했는지 보면 되잖아."

"아, 맞다. 오프라가 이번엔 뭘 읽었다고 했더라?"

〈오프라 북 클럽〉이 방송되고 나서 서점에 가면 흔히 볼 수 있는 광경이었다. 이 무렵 미국의 토크 쇼는 대부분 지나치게 오락적인 재미만을 추구한다는 비판에 휩싸여 있었다.

가정 내 폭력이나 안 좋은 사건에 얽힌 사람들이 버젓이 텔레비전에 나와서 자신의 행동을 적나라하게 떠벌리는 프로그램들이 자극적인 것을 좋아하는 사람들의 눈과 귀를 사로잡았다. 그에 비해 여성, 인권, 아동 학대, 청소년 문제 등 주로 무거운 주제를 다루는 《오프라 윈프리 쇼》는 시청률이 점점 내려가고 있었다.

"그들과 똑같은 방법으로 시청자를 끌어모으고 싶진 않아요. 좀 더 신선하고 유익한 방식으로 시청자들과 소통하는 길을 찾아봅시다."

이렇게 해서 시작된 프로그램이 〈오프라 북 클럽〉이다.

1996년 9월 첫선을 보인 〈오프라 북 클럽〉은 매달 한 권씩 읽을 만한 책을 선정하여 시청자들과 함께 토론하는 프로그램이었다.

"이건 위험한 모험이에요, 오프라. 시청자들이 원하는 건 남의 독후감 따위가 아니라고요."

방송국 내에선 처음부터 책 읽기 프로그램에 대해 부정적으로 생각하는 사람이 많았다. 사람들은 텔레비전을 보면서 그렇게 깊게 생각하려 들지 않는다는 이유였다. 그렇지만 오

프라는 정말 좋은 프로그램이라면 반드시 사람들이 보게 될 것이라고 믿었다.

오프라의 확신은 그로부터 1년 후 현실로 나타났다. 지은이가 직접 출연하여 시청자들의 궁금증을 풀어 주고 책 내용을 드라마로 재구성하는 등 다양한 방식으로 꾸민 프로그램은 교양과 재미를 동시에 추구하는 사람들의 요구를 만족시키며 시청률이 높게 올랐다.

프로그램이 인기를 끌면서 평소 책을 안 읽던 사람들도 오프라가 추천한 책이라면 일단 관심을 두었다.

"오프라가 추천하는 순간 그 책은 100만 부가 더 팔린다."

출판업자들 사이에선 이런 말이 심심찮게 흘러나왔다. 오프라가 하는 말이나 행동이 그만큼 사람들에게 큰 영향을 미친다는 얘기다. 이것이 과장된 것이 아니라는 사실은 매달 베스트셀러 목록을 통해 증명되곤 했다.

방송이 나간 날이면 수많은 사람이 그날 프로그램에서 다뤘던 책을 사려고 서점으로 달려갔다. 덕분에 출판계가 때아닌 호황을 누렸다. 오프라가 선정한 책들은 어느 유명 인사가 권하는 것보다 빠르게 입소문을 탔다.

오프라가 프로그램으로 미국인의 생활 방식을 바꿔 놓았다고 말하는 사람들도 있었다. 실제로 〈오프라 북 클럽〉에 소개된 책들은 평균 100만 부 이상이 팔려 나가며 미국 전역에 독서 열풍을 불러일으켰다. 〈오프라 북 클럽〉을 계기로 수많은 독서 토론 모임이 생겨나기도 했다.

"사람들이 재미뿐만 아니라 교훈과 용기를 얻을 수 있게 하는 프로그램을 만들고 싶어요. 그리고 이것은 방송인으로서 지켜 나가야 할 나의 사명입니다. 출연자와 시청자들 모두가 다양한 방식으로 삶을 바라볼 수 있게 해 주는 프로그램을 만드는 것 말이에요."

한 인터뷰에서 오프라는 이런 말을 한 적이 있다. 그런 점에서 오프라는 누구보다도 열정적인 문화 운동가였다. 그녀는 독서에 무관심했던 많은 사람에게 책 읽는 문화를 전파했다. 나아가 훌륭한 문학 작품을 영화나 드라마로 만들어 많은 사람에게 인생의 참된 가치가 무엇인지 되돌아볼 기회를 제공하였다.

오프라의 새로운 시도는 방송에 대한 사람들의 생각을 완전히 바꿔 놓았다. 텔레비전을 그저 심심할 때 시간이나 때우는 데 필요한 것으로 여겨왔던 사람들도 〈오프라의 북 클럽〉이 시작되면 텔레비전 앞으로 모여들었다.

오프라는 시청자들의 열띤 호응을 자선 사업과 연결하기로 했다. 방송을 통해서 얻은 보람을 전 세계의 어려운 이웃과 같이 나누기 위해서였다.

"여러분, 지금부터 저와 함께 세상에서 가장 큰 돼지 저금통을 만들어 볼까요? 방법은 아주 간단합니다. 여러분이 가진 주머니나 지갑 속 동전을 돼지 저금통에 넣기만 하면 되는 거예요!"

오프라는 그렇게 한 푼 두 푼 모인 돈으로 가난한 청소년에게 학비를 지원해 주거나 병원비가 없어서 고통 받는 사람들에게 희망을 줄 수도 있다고 덧붙였다. 그러자 사람들은 별

망설임 없이 주머니를 뒤지기 시작했다.

"귀찮게 딸랑거리는 동전 몇 개 넣었을 뿐인데 왠지 내가 좋은 일을 한 것 같은 기분이 드는군요."

"돼지 저금통이 빨리 채워지는 모습을 보고 싶어요!"

세상에서 가장 큰 돼지 저금통을 만들기 위한 주머니 속 동전 모으기 행사는 수많은 사람에게 진정한 나눔의 기쁨을 알게 하였다. 사람들은 비록 적은 액수지만 자기도 남을 위해 무언가를 할 수 있다는 뿌듯한 보람을 느꼈다.

행사를 통해서 돼지 저금통에 모인 돈은 100만 달러가 넘었다. 오프라는 그와 똑같은 금액을 자선기금_{남을 돕기 위하여 모은 기금}에 보탰다. 그러자 여기에 또 많은 기부자가 동참하여 총 3백만 달러의 엄청난 기부금이 돼지 저금통을 채웠다. 하찮은 동전 한 닢이 모이고 모여서 세상에서 제일 큰 돼지 저금통을 만들어 낸 것이다.

돼지 저금통의 기적은 여기서 끝나지 않았다. 오프라는 시청자들의 소중한 마음을 모아서 '오프라 엔젤 네트워크'라는 자선 단체를 만들었다. 동전 모으기 행사에 참여한 토크 쇼 시청자들이 이 단체의 회원이 되었다.

빈곤에 허덕이는 나라에 50여 개가 넘는 학교를 세우고 가난한 학생들에게 학비를 지원하는 등 전 세계 불우 청소년에 대한

장학 사업이 이 단체를 통해 이루어졌다. 그뿐만 아니라 '사랑의 집 짓기 운동 본부', '아동 건강 기금'을 비롯한 여러 자선 단체에 기금을 보내고 태풍이나 홍수 피해를 본 이재민에게도 아낌없는 나눔의 손길을 보냈다.

'오프라 엔젤 네트워크'는 안방의 시청자들을 나눔의 현장으로 초대하여 그들 모두를 적극적인 참여자로 만들었다. 이것은 자선과 기부에 대한 사람들의 인식을 바꿔 놓는 중요한 계기가 되었다. 동전 하나로 시작된 작은 불씨가 일으킨 또 하나의 기적이었다.

오프라는 방송을 통해 사람들의 생각을 바꾸고 행동을 변화시켰다. 텔레비전 토크 쇼에 대해 부정적으로 생각하던 사람들도 오프라가 사람들에게 그 어떤 정치가도 해내지 못한 긍정적인 영향을 미치고 있다는 사실을 인정하게 되었다.

그 결과 《뉴스위크》지는 '책과 방송 분야에서 가장 영향력 있는 인물'로 오프라를 선정하였다. 그리고 다음 해 오프라는 일곱 번째 에미상 수상자로 선정됐고 《오프라 윈프리 쇼》

는 아홉 번째 에미상을 받게 되었다.

오프라는 이날 뜻밖의 선언을 했다.

"저는 이제부터 에미상을 받지 않겠습니다."

"네? 뭐라고요?"

"이유가 뭐죠?"

갑작스러운 상황에 장내가 술렁이기 시작했다.

"물론 앞으로도 저는 좋은 프로그램을 만들고자 힘쓸 것입니다. 그렇지만 제가 에미상을 받는 것은 이번이 마지막이길 바랍니다. 이런 훌륭한 상은 다른 우수한 프로그램을 만드는 분들에게 양보하는 게 옳다고 생각되기 때문입니다."

오프라의 말이 끝나자 찬물을 끼얹은 듯 조용하던 시상식장에 박수가 끊이질 않았다.

"과연 오프라 당신답네요!"

"오프라, 정말 멋져요!"

"최고 중에서도 최고!"

많은 사람 입에서 감탄사가 절로 나왔다. 항상 겸손하고 남을 먼저 배려하는 태도는 대중이 오프라에게 빠져들게 되는 또 하나의 이유였다.

오프라 윈프리의 성공 습관 14 ||||||||||||||||||||||||||||||

남에게 감동을 주는 사람 되기

오프라는 자신의 프로그램을 통해서 많은 사람에게 좋은 일에 참여할 기회를 주었어요. 《오프라 윈프리 쇼》에 참석한 3백 명의 방청객에게 현금을 나눠 주고 각자 원하는 액수만큼 자선 단체에 기부할 수 있도록 한 적도 있어요. 이런 일들이 널리 알려지면서 그녀의 자선 활동은 세계적인 관심을 끌게 되었지요.

자신이 받은 사랑을 세상에 다시 돌려주는 오프라의 자선 활동은 수많은 사람에게 큰 도움을 주었고 살아가는 기쁨을 느끼게 했어요. 작은 감동이 모여 더 큰 감동을 만들고 질병과 굶주림, 가난과 폭력으로 힘들어 하는 사람들에게 희망을 주었지요.

자신이 받은 사랑을 두 배로 돌려준 오프라처럼 여러분도 다른 이들에게 감동을 줄 수 있는 일을 찾아 꼭 그 꿈을 이루었으면 해요.

용기를 내 세상을 향해 소리쳐 봐

"어떤 사람이 과거에 당신한테 무슨 짓을 했든 그것은 현재의 당신에게 아무런 힘을 갖지 못해요."

토크 쇼에 나온 출연자들이 자신의 슬픈 과거를 떠올리며 눈물 흘릴 때 오프라는 위로 삼아 종종 이런 말을 건네곤 했다. 사실 이것은 오프라 자신을 향한 말이기도 했다.

솔직하고 자신감 넘치는 모습으로 대중에게 사랑받아 온 오프라였지만 어린 시절의 끔찍한 성폭력 사건에 대해선 누구에게도 터놓고 얘기하지 못했다.

'죄책감 따위 가질 이유 없어. 그때 넌 너무 어려서 저항할 수도 없었잖아.'

'하지만 사람들이 그 얘길 알게 되면 날 벌레 보듯 할지도 몰라.'

아홉 살 때부터 서른여섯 살이 될 때까지 두 개의 목소리가 한시도 머릿속을 떠나지 않고 오프라를 괴롭혔다. 20년도 훨씬 지난 일이지만 그때 일을 떠올린다는 것 자체가 소름 끼치도록 무서운 악몽이었다. 때때로 누군가에게 위로받고 싶은 간절한 순간도 있었다. 하지만 그때마다 죄책감이 가슴을 짓눌러 와 말문이 막혀 버리고 말았다.

그러던 어느 날 트루디 체이스라는 여성 출연자와의 운명적인 만남이 오프라의 인생을 완전히 바꿔 놓았다.

트루디 체이스는 두 살 때부터 열여섯 살 때까지 새아버지에게 성폭력 당한 끔찍한 기억 때문에 오랜 세월 고통 속에 살아온 이야기를 책으로 펴낸 작가였다. 이미 여러 잡지와 신문을 통해 알려지기도 했던 그녀의 파란만장한 삶은 텔레비전

다큐멘터리로 제작되기도 했다.

인터뷰가 시작되자 체이스는 비교적 담담하게 자신의 어린 시절을 털어놓았다.

"난 그 일이 내 탓이라고 생각했어요. 살면서 무슨 일을 겪어도 원래 나는 그렇게 태어났으니까, 슬픔도 불행도 다 내 잘못이라고 생각했죠. 그럴 때마다 내가 너무 싫었어요."

이야기를 듣는 동안 오프라는 심장이 산산조각이 나는 듯한 아픔을 느꼈다. 그녀가 마치 자신의 이야기를 하는 듯한 착각마저 들었다.

"하지만 그건 절대로 내 잘못이 아니었어요. 절대로!"

체이스는 설움이 복받치듯 큰 소리로 외쳤다. 순간 오프라는 정신이 번쩍 들었다. 그녀는 분명 그건 자기 잘못이 아니라고 말하고 있었다. 오프라는 그 말이 바로 자신에게 하는 말 같았다.

분명 그건 자신이 원해서도, 무슨 잘못을 했기 때문에 일어난 일도 아니었다. 그런데 왜 그토록 평생 무거운 죄책감을 안고 혼자만의 쇠사슬에 묶여 살았던 것인지 뒤늦게 깨달았다.

"미안합니다. 잠시만……."

27년 동안 남몰래 흘렸던 눈물이 한꺼번에 쏟아지기 시작했다. 그렇게 한번 쏟아진 눈물은 시간이 흘러도 멈출 줄 몰랐다. 그러는 동안에도 카메라는 계속 돌아가며 오프라가 펑펑 우는 모습을 그대로 방송에 내보냈다.

한동안 침묵이 흘렀고 마침내 오프라는 아무에게도 말하지 못했던 자신의 아픔을 털어놓기 시작했다.

"제가 수치심을 무릅쓰고 이 얘기를 하는 건, 피해자들이 먼저 입을 열어야 나쁜 사람들이 똑같은 짓을 못 하게 막을 수 있기 때문이에요."

그로부터 몇 달 후 오프라는 미국 국회에 나가 자신이 아동 성폭력의 희생자라는 사실을 증언하였다.

"우리 사회에 저처럼 학대를 받는 아이들이 더는 생기지 않도록 제가 할 수 있는 모든 일을 다할 것입니다."

이때부터 오프라는 단 한 번이라도 어린이에 대한 성폭력과 학대를 저지른 범죄자들은 이유를 막론하고 어린이와 관련된 직장에 다닐 수 없도록 법적인 제도를 만드는 일에 앞장섰다. 오프라의 용기 있는 증언은 미국에 국가 아동 보호법을 탄생하게 한 결정적 역할을 했다.

빌 클린턴 전 미국 대통령도 법안 통과를 위해 애쓴 노력을 높이 평가하며 국가 아동 보호법에 서명하는 날 오프라를 백악관에 초대하였다. 언론에서는 이 법을 '오프라 법안'이라고 부르기도 했다.

법안 통과 후에도 오프라는 아동 학대 문제의 심각성을 널리 알려서 국민적인 경각심주의 깊게 살피어 경계하는 마음을 갖게 하려고 노력했다.

"아이들에게 최악의 상황은 가난과 폭력적인 환경에 방치되는 것입니다."

사태의 심각성을 사회에 널리 알리기 위해 오프라가 선택한 방법은 역시 방송이었다. 하포 프로덕션은 빈곤 가정의 아동 학대 문제를 다룬 텔레비전 영화를 제작하였다. 시카고 빈민가에서 벌어지는 아동 학대의 참상을 고발한 이 영화는 약 50만 달러의 수익금을 벌어들였다. 오프라는 그 돈으로 미국 내 빈민가의 가족과 아이들을 돕기 위한 자선 단체를 만들었다.

미국에만 불행한 아이들이 있는 것은 아니었다. 2000년 겨울 오프라는 넬슨 만델라 전 남아프리카 공화국 대통령의 초대를 받고 여행길에 올랐다. 그곳에서 오프라는 차마 눈 뜨고 볼 수 없는 아이들의 비참한 모습에 너무나 큰 충격을 받았다.

거리에서 마주치는 아이들은 대부분 맨발이었다. 얼마나 오랫동안 굶주렸는지 앙상하게 뼈만 남은 몰골에 초점을 잃은 눈동자, 먹을 물도 나오지 않는 곳에서 온갖 질병에 시달리며 아프다는 말조차 내뱉을 힘도 없어 보이는 아이들이 시름시름 죽어 갔다.

국민 여덟 명 중 한 명이 에이즈 환자로 알려진 남아프리카 공화국은 아기가 태어나서 건강한 성인으로 성장할 수 있다는 것만으로도 신의 축복이라 할 만큼 아동 사망률이 높은 나라다. 그나마 어릴 때 양쪽 부모를 모두 잃거나 한쪽 부모를 잃는 경우가 대부분이라 초등학교도 제대로 다니지 못하는 아이들이 절반 가까이나 되었다.

 2년 후 오프라는 크리스마스를 맞이하여 자신과 뜻을 같이하는 친구들과 함께 남아프리카 공화국을 다시 방문하였다.

 그들이 맨 처음 찾아간 곳은 남아프리카 공화국에서 에이즈 피해가 가장 심각한 지역이었다. 에이즈로 부모를 잃은 고아가 사방에 넘쳐나는데 그 아이들을 보살필 시설조차 턱없이

모자란 마을은 폐허 그 자체였다.

"물건을 나눠 주는 것만으로는 부족해."

특히 남아프리카 공화국은 빈곤과 실업 때문에 아동 성매매가 심각한 사회 문제로 떠오른 국가 중 하나였다. 오프라는 교육만이 아이들을 참혹한 현실에서 벗어나게 할 유일한 탈출구라 믿었다.

"어린 소녀들에겐 무엇보다도 안전하게 공부할 수 있는 학교가 필요합니다. 나는 그 아이들이 최고의 시설에서 최고의 교육을 받고 남아프리카 공화국에 희망의 불꽃을 전파할 수 있도록 돕고 싶어요."

여성 교육은 오프라가 가장 중요하게 생각하는 분야였다. 장차 어머니가 될 소녀들을 잘 가르치는 것은 그 나라의 미래와 직결된 문제이기도 했다. 오프라가 남아프리카 공화국에 여학생들을 위한 기숙 학교를 짓기로 한 것도 이런 이유 때문이었다.

2007년 1월 문을 연 '오프라 윈프리 리더십 아카데미'는 아프리카에 희망의 불꽃을 피우기 위한 오프라의 첫 번째 결실이었다.

5년 동안 투자한 공사비만 해도 약 4천만 달러에 달하는 이 학교는 컴퓨터실, 과학실, 도서관, 극장, 체육관과 식당까지 갖춘 최고급 기숙 학교로 숙소도 호텔 못지않게 넓고 쾌적하게 꾸며졌다.

개교식에는 넬슨 만델라 전 대통령을 비롯하여 흑인 인권 운동 감독으로 널리 알려진 스파이크 리, 가수 티나 터너와 머라이어 캐리 등 세계적인 유명 인사들이 참석하였다. 오프라는 이 학교에 첫 번째로 입학한 소녀들과 참석해 준 손님들에게 개교 인사를 했다.

"이 학교는 아프리카 소녀들이 꿈꾸는 모든 것의 상징입니다. 나는 이 어린 소녀들이 가진 무한한 가능성을 믿습니다. 그리고 머지않은 미래에 이들이 남아프리카의 자랑이 될 수 있을 것이라 믿습니다."

오프라의 연설이 시작되자 어린 소녀들의 눈망울이 진주

처럼 반짝거렸다.

"이 아카데미는 단지 지식만을 가르치는 학교가 아닙니다. 우리는 이 어린 소녀들을 미래의 지도자로 키우고자 지원을 아끼지 않을 것입니다. 최고의 선생님과 최고의 학습 프로그램이 아이들 스스로 운명을 만들어 가는 방법을 깨우치게 할 것입니다. 여러분도 지켜봐 주십시오. 이 어린 소녀들은 훗날 다른 사람들을 보다 나은 세계로 이끌어 갈 바로 그 주인공들입니다!"

감동적이고 열정적인 연설이 모두 끝났다.

"고마워요, 오프라 선생님."

"당신은 천사예요!"

운동장을 내려가는 오프라의 귀에 여학생들의 수줍은 속삭임이 들려왔다. 오프라는 무한한 사랑이 담긴 눈으로 그들을 찬찬히 바라보았다. 그리고 그들 한 사람 한 사람의 손을 꼭 잡고 마음에서 우러나오는 마지막 격려의 말을 더했다.

"기억하렴. 모든 건 이제부터 시작이야. 하고 싶은 건 뭐든지 크게 외쳐 봐. 세상은 너희 편이란다!"

　훗날 이 어린 소녀들은 지금의 오프라처럼 어느 곳에선가 자신의 몫을 하게 될 것이다. 남아프리카의 푸른 하늘 위로 새들이 힘차게 날아오르고 있었다.

 오프라 윈프리의 성공 습관 15 |||||||||||||||||||||||||

나 자신을 사랑하기

오프라는 어떤 상황에서도 자신을 포기하지 않았어요. 그것은 스스로 역경과 시련을 넘어서는 힘이 되었지요. 자신을 사랑하는 사람은 삶을 풍요롭게 하는 방법을 알고 있어요. 오프라는 자신을 사랑하는 만큼 남에게도 사랑을 베풀 줄 알았기에 세상의 중심에 설 수 있었답니다.

어린이 여러분 중에도 '나는 왜 친구들보다 못하는 게 많을까?' 하며 자신을 미워하고 못마땅해 하는 친구들이 있을 거예요. 지금의 모습이 마음에 들지 않더라도 실망하지 마세요. 그 대신 '나는 멋진 사람이야'라고 주문을 걸어 보세요. 그러면 자신을 사랑하는 마음이 생겨 뭐든 할 수 있는 힘을 갖게 될 거예요.

에필로그

오프라 윈프리의 꿈과 도전

'오O'는 오프라 윈프리를 잘 아는 동료나 친구들 사이에서 부르는 별명이에요. 가까운 사람들이 별명을 그렇게 부르는 건 오프라 윈프리 때문에 놀랄 일이 무척 많았기 때문이지요.

오프라 윈프리가 《오, 오프라 매거진》이라는 잡지를 창간했을 때도 마찬가지였어요. 그들은 경험도 없는 오프라 윈프리가 잡지를 만든다고 했을 때 놀랐고, 남들이 다 어렵다고 했지만 그녀가 뚝심 굳세게 버티거나 감당하여 내는 힘 으로 만든 잡지가 2년 만에 국제적인 잡지로 성공하는 것을 보고 또 한 번 놀랐어요.

《오, 오프라 매거진》은 2000년 4월에 독자들에게 첫선을 보인 후 현재 세계 여러 나라에 1천5백만 명 이상의 독자를 거느리고 있어요.

　일일이 헤아릴 수 없이 많은 수상 경력도 오프라 윈프리의 놀라운 점 가운데 하나예요. 대표적인 예를 몇 개 들어 볼까요?

　2004년 유엔은 '올해의 세계 지도자상' 수상자로 오프라 윈프리를 선택했고, 2005년 미국 인권 박물관은 '올해의 자유상'을, 《타임》지는 세계에서 가장 영향력 있는 인물 100인 중 한 명으로 오프라 윈프리를 선택했어요.

　오프라 윈프리는 토크 쇼의 여왕, 방송 미디어의 여왕, 출판계의 여왕, 또는 자선 사업과 기부의 여왕 등 그녀가 관심과 열정을 기울이는 분야마다 '여왕'이라는 호칭이 어색하지 않을 만큼 훌륭한 성과를 거두었어요. 또한 많은 사람이 그녀의 이름 앞에 'OO의 상징'이란 말을 즐겨 붙이기도 해요. 그중에서도 그녀의 삶과 가장 밀접한 관련을 맺고 있는 세 단어를 꼽는다면 아마도 꿈, 도전, 성공이라는 말일 거예요.

　오프라는 가난과 시련을 딛고 일어서 자신의 꿈을 향해 도전한 결과 스스로 눈부신 성공을 일궈 낸 빛나는 승리의 상징이에요. 좌절에 빠진 사람들에겐 그 이름만으로도 세상을 긍정적으로 바라볼 수 있게 만드는 희망과 용기의 상징이기도 하고요.

이제껏 제가 받아 본 최대의 찬사는 '전보다 훌륭해졌다'는 말입니다. 저는 그 말을 처음 들었을 때를 잊지 못합니다. 처음 방송 일을 시작했을 때 알게 된 기자를 시카고에서 우연히 다시 만났을 때입니다. 그는 몇 년 만에 만난 제게 '오프라, 당신은 겉모습은 별로 안 변한 것 같은데 더 훌륭해지기만 했군요'라고 말했습니다. 지금보다 더 훌륭해지는 것, 그것이 바로 우리의 목표입니다.

이것은 2008년 스탠퍼드 대학교 졸업식에서 오프라 윈프리가 했던 감동적인 연설 중 일부분이에요.
인간으로서, 여성으로서 겪기 어려운 온갖 절망적인 상황 속에서 오프라 윈프리의 오늘이 있게 한 것은 반드시 지금보다 더 훌륭해지고 말겠다는 의지였어요.

　무언가를 반드시 하겠다는 의지만 있으면 아무리 어려운 환경에서도 희망은 있어요. 미래는 오늘보다 나은 내일을 준비하는 사람의 몫이에요. 때로는 목표를 향해 가는 길이 너무 멀고 힘들게 느껴질 수도 있어요. 그렇다고 중간에 도전을 포기해 버리면 오늘보다 나은 내일은 절대 오지 않아요.

　오프라 윈프리는 어떤 상황에서도 도전을 두려워하지 않았어요. 그녀를 성공의 정상에 오를 수 있게 한 최고의 장점도 바로 이 도전 정신이에요.

오프라 윈프리_

오늘날 전 세계인에게 '토크 쇼의 신화'로 불리며 닮고 싶은 여성 인물 1위로 선정된 오프라 윈프리는 1954년 미국 미시시피 주 코스키우스코에서 태어났습니다. 어린 시절 자주 거처를 옮겨 다니던 오프라 윈프리는 미국 사회의 흑인에 대한 지독한 인종 차별과 자신에게 무관심한 어머니, 남자 친척들에게 당한 성폭력으로 큰 상처를 받으며 마약과 알코올 등 비행을 일삼으며 불안정한 사춘기를 보냈습니다.

단 한 번도 자신의 희망적인 미래를 꿈꾸지 못하고 방황하던 오프라 윈프리는 다시 만난 아버지와 새어머니의 헌신적인 보살핌으로 WLAC 텔레비전 방송국에서 흑인 여성으로는 최초로 뉴스 앵커가 되었습니다.

테네시 주립 대학교를 졸업하기도 전에 WJZ 텔레비전 방송국의 뉴스 공동 앵커가 되었으나 자질 논란으로 토크 쇼 《피플 아 토킹》의 공동 진행자로 옮기게 되었습니다. 이때부터 자신의 재능을 펼치며 시카고 WLS 텔레비전 방송국에서 《에이엠 시카고》를 진행하다 자신의 이름을 걸고 《오프라 윈프리 쇼》로 바꿔 전 세계인이 시청하는 최고의 토크 쇼 진행자로서 '토크 쇼의 여왕'으로 불렸습니다.

이후 토크 쇼 진행에 머무르지 않고 '하포 프로덕션'을 설립하여 방송 제작 사업을 시작한 오프라 윈프리는 활발한 사업으로 많은 수익을 얻어 억만장자가 되었습니다. 오프라 윈프리는 많은 사람의 관심과 사랑으로 자신이 성공했다고 믿었기에 다양한 분야에서 '자선 사업'을 펼쳐 어려운 이웃들에게 '긍정 메시지'를 전달하고 있습니다. 2011년 5월 《오프라 윈프리 쇼》는 아쉽게 끝났지만 더 많은 사람과 소통하고 싶은 오프라 윈프리는 또 다른 꿈을 향해 달려가고 있습니다.

학력 및 경력_

1954 미국 미시시피 주 코스키우스코에서 출생
1967 니콜릿 고등학교에 장학생으로 입학
1968 아버지와 함께 살며 이스트 내슈빌 고등학교로 전학
1971 테네시 주립 대학교 입학
1973 WLAC 텔레비전 방송국 최초의 흑인 여성 뉴스 앵커
1976 볼티모어 WJZ 텔레비전 방송국 뉴스 공동 앵커
1978 WJZ 텔레비전 방송국 토크 쇼 《피플 아 토킹》 공동 진행
1984 WLS 텔레비전 방송국 《에이엠 시카고》 진행
1986 《에이엠 시카고》를 《오프라 윈프리 쇼》로 바꿔 진행
1986 영화 〈컬러 퍼플〉로 골든 글로브상 수상
1986 하포 프로덕션 설립
1987 에미상 '최고 토크 쇼상' 수상
1989 국제 라디오 텔레비전 협회 '올해의 보도자상' 수상
1996 〈오프라 북 클럽〉 시작
1998 《타임》지 '20세기 가장 영향력 있는 인물 100인'에 선정
2000 《오, 오프라 매거진》 발행
2003 인터넷 사이트 '오프라 닷컴'을 통해 세계 최대의 북 클럽 출범
2005 《타임》지 '세계에서 가장 영향력 있는 인물 100인'에 선정
2005 《포브스》지 '유력 인사 100인' 1위에 선정
2005 《비즈니스 위크》지 '미국에서 가장 관대한 자선가 50인'에 선정
2007 남아프리카 공화국에 '오프라 윈프리 리더십 아카데미' 설립
2008 오프라 윈프리 네트워크 설립
2011 《오프라 윈프리 쇼》 마지막 고별 방송
2012 현재 케이블 방송 사업가로 활동 중

내일을 상상해 봐 오프라 윈프리

1판1쇄 발행 2012년 1월 25일
1판3쇄 발행 2013년 8월 30일

지은이 | 신영란
그린이 | 김윤정
펴낸이 | 임성규

펴낸곳 | 문이당어린이
등록 | 1988. 11. 5. 제1-832호
주소 | 서울시 성북구 동소문동 4가 83번지 청구빌딩 3층
전화 | 928-8741~3(영) 927-4990~2(편)__팩스 | 925-5406
ⓒ 신영란, 2012

이메일 | munidang88@naver.com
홈페이지 | http://munidang.co.kr

ISBN 978-89-7456-458-2 73810

값은 뒤표지에 표시되어 있습니다.

잘못된 책은 바꾸어 드립니다.
저자와의 협의로 인지는 생략합니다.
이 책의 판권은 지은이와 문이당어린이에 있습니다.
양측의 서면 동의 없는 무단 전재 및 복제를 금합니다.

문이당어린이는 문이당 출판사의 브랜드입니다.